LIDERANÇA DECISIVA!
LIDERANÇA FIEL!

LIDERANÇA
DECISIVA!
LIDERANÇA
Fiel!

Reflexões e Indicadores

Edward LeBron Fairbanks
Prefácio por Dr. Jesse Middendorf

LITERATURA
Nazarena Portuguesa
LISBOA

Liderança Decisiva! Liderança Fiel!
Reflexões e Indicadores

Por Edward LeBron Fairbanks

Fundador e Director do BoardServe LLC
Comissário de Educação da Igreja do Nazareno, reformado
Presidente Emeritus da Mount Vernon Nazarene University (EUA) e
Asia-Pacific Nazarene Theological Seminary (Manila)

Prefácio pelo Dr. Jesse Middendorf

Superintendente Geral Emeritus, Igreja do Nazareno
Director Executivo, Center for Pastoral Leadership,
Nazarene Theological Seminary (EUA)

Originalmente publicado em inglês como
Leading Decisively! Leading Faithfully!
por E. LeBron Fairbanks
Copyright © 2016 por E. LeBron Fairbanks
Todos os direitos reservados

Publicado por

LITERATURA
Nazarena Portuguesa
LISBOA

Publicado por acordo com
BoardServe LLC, Lakeland, Florida (EUA)
e Global Nazarene Publications (Publicações Nazarenas Globais)
Copyright © 2019 por E. LeBron Fairbanks

ISBN 978-1-56344-898-0

Tradução para o português europeu (pré-AO90)
por Priscila Guevara, Maria João Petticrew e Paulo de Melo Duarte

Material original de Jimmy LaRose usado com a permissão. Todos os direitos reservados.

Salvo excepção, todos as citações bíblicas são da versão João Ferreira Almeida Revista e Corrigida.
Copyright (c) 1973, 1978, 1984 pela Sociedade Bíblica Internacional. Usado com a permissão de Zondervan
Publishing House. Todos os direitos reservados.

DEDICAÇÃO

Para a Anne, o amor da minha vida há mais de 50 anos! Tu amas-me, oras por mim, e apoias-me à medida que juntos continuamos a ministrar em vários países à volta do mundo. O teu amor por Cristo e a diária caminhada com Ele modelam um cristão maduro que está "a ser transformado à semelhança de Cristo" (2 Coríntios 3:18). O teu ouvido atento, coração caloroso e sábio conselho abençoam indivíduos que encontras e de quem és mentora. A tua paciência comigo é graça pura. O teu espírito calmo e gentil impacta-me profundamente! Amo-te e sou grato por ti.

Para o Stephen: este livro é um presente de amor para ti. Tu és um ardente apoiante e um defensor feroz à medida que tento ter uma liderança decisiva com visão clara, humildade profunda e resolução intensa. Se, por nenhuma outra razão a não ser passar significativamente para ti o que tem sido tão generosamente passado a mim, através da educação, experiências, relacionamentos e tarefas, então, esta tarefa escrita terá valido a pena. Por favor, toma este presente, toma como teus estes pensamentos e passa-os a outros ao integrares a fé que confessas ao Domingo na forma como vives e te guias ao longo da semana!

AGRADECIMENTOS

Dra. Sheila J. Clyburn, professora associada de educação e editora de assuntos académicos da Lincoln Memorial University, Harrogate, Tennessee, que foi editora neste livro. O texto não poderia ter sido publicado sem a perícia de edição da Dr. Clyburn!

Dr. Stan Toler, superintendente geral emeritus da Igreja do Nazareno, que transferiu os direitos do livro que escrevemos, *Learning to be Last*, publicado pela Beacon Hill Press of Kansas City. O material encontrado no nosso livro de co-autoria foi incluído neste texto. O Dr. Toler tem sido, e continua a ser, um encorajador e uma inspiração para mim. Sou grato pela transferência a mim concedida de todos os direitos do livro.

Sr. Mark Brown, vice-presidente da Nazarene Publishing House e Beacon Hill Press of Kansas City, que providenciou uma publicação e carta de reversão de direitos autorais para o livro *Learning to be Last*.

Grace Tia, Ernalyn Fausto, Ervz Tia, e outros membros da incrivelmente talentosa equipa da WM Communications Asia-Pacific, que prepararam os gráficos e o *design* deste livro. A WMC-AP está localizada no Seminário Nazareno Teológico da Ásia- Pacífico, Manila, Filipinas (www.wmc-ap.org).

Foi também um prazer e privilégio trabalhar com a Sra. Bonnie Perry, editora do livro da Beacon Hill Press of Kansas City.

PALAVRA DE APRECIAÇÃO

Aos Coordenadores de Educação Regional (2016) da Igreja do Nazareno. Estes indivíduos continuam a inspirar-me à medida que buscam fortalecer instituições educacionais nas regiões onde servem. Eles trabalham incansável e estrategicamente, frequentemente nos bastidores, com líderes e juntas da escola nas suas regiões e colaborativamente através do International Course of Study Advisory Committee e do International Board of Education. Eles são meus amigos e heróis:

Dr. Gregory Crofford
Região da África. Joanesburgo, África do Sul

Dr. John E. Moore
Região da Ásia-Pacífico. Singapura, Singapura

Rev. John A. Haines
Região da Eurásia. Büsingen, Alemanha

Dr. Rubén E. Fernández
Região da Mesoamérica. Cidade do Panamá, Panamá

Dr. Jorge L. Julca
Região da América do Sul. Buenos Aires, Argentina

Dr. Dean G. Blevins
Região dos EUA/Canadá. Lenexa, Kansas, EUA

ÍNDICE

PRÓLOGO

Os teóricos da liderança estão por todo o lado. Os livros sobre a liderança abundam. A fome por conhecimento, aptidão e efectividade na liderança é evidente no esmagador número de novos graus académicos, centros de seminário e conferências de liderança que competem pela atenção de todos nós.

Mas a liderança efectiva e frutífera como uma forma demonstrada de viver está em falta. Precisamos tomar atenção onde a encontrar.

Conheço o Dr. LeBron Fairbanks há mais de meio século. Fomos colegas na universidade e no seminário e temos sido frequentemente colegas no ministério e em contextos de liderança nestes mais de cinquenta anos. A liderança não fazia parte da sua busca. Era simplesmente o meio pelo qual ele trabalhava. Ele liderava ao ser.

A sua liderança tem sido demonstrada no ministério da igreja local, em contextos de missão global e em instituições educacionais. Como educador, ele era eficaz na sala de aula e como líder do departamento. Serviu na equipa do European Nazarene College e como presidente do Seminário Nazareno da Ásia-Pacífico. O seu maior mandato de serviço foi como presidente da Universidade Nazarena de Mount Vernon. Mais tarde, serviu como líder do International Board of Education e como Comissário para a Educação da Igreja do Nazareno.

O que alguns têm trabalhado duramente para aprender, LeBron viveu de forma inata. Mas ele também estudou cuidadosamente, leu muito e aprendeu de alguns dos melhores líderes do mundo.

Até na reforma, LeBron tem dado de si mesmo para ensinar aptidões e práticas de liderança, tanto em instituições seculares como religiosas. Ele tem trabalhado com juntas directivas, CEOs, pastores, presidentes de universidades e uma grande variedade de outros contextos de liderança. O seu objectivo é desenvolver líderes que são capazes de transformar os seus ministérios ou instituições para o cumprimento frutífero e efectivo da sua missão.

Neste livro está a destilada sabedoria de décadas de liderança efectiva. Isto não é mera teoria. É sim uma visão de uma liderança que reflecte uma vida de serviço e visão altruísta. Apesar de haver práticas e aptidões que são absolutamente necessárias na obra da liderança no ministério cristão, além delas está o fundamento para a maturidade espiritual e para o pensamento reflexivo. Aqui há esperança e ajuda para os líderes cristãos no ambiente confuso e por vezes assustador no qual nos encontramos hoje. O mundo está a mudar rapidamente. Os líderes cristãos precisam de ajuda intemporal e verdadeira. Creio que irá achar este recurso um dos mais úteis.

Tenho prateleiras cheias de livros sobre a liderança, escritos por líderes amplamente respeitados. Tenho aprendido muito com eles e estimado especialmente aqueles livros e autores que têm moldado o meu pensamento e a minha prática de formas que têm feito de mim um melhor líder ministerial quando comparado ao que seria sem a sua ajuda.

Este é um desses livros que creio que irá encontrar um lugar valioso nas mãos de cada líder, qualquer que seja o seu nível de responsabilidade. É sabedoria, nascida da fecundidade e demonstrada numa vida de serviço eficaz na liderança.

Dei por mim a ressoar profundamente com os Seis Indicadores para a liderança decisiva. Estes devem ser cuidadosamente emitidos, estudados e ponderados. A sua implementação necessitará disciplina intencional e espírito de oração. A sua eficácia requererá envolvimento constante com aqueles com quem o líder é chamado a trabalhar. Não podem ser "administrados" unilateralmente. Irão requerer um altruísmo que não busca proeminência e vão requerer uma sensibilidade espiritual capaz de confiar no Espírito Santo para obter direcção.

Este livro pode muito bem durar os próximos cinquenta anos como uma ferramenta útil para o ministério cristão. A sua verdade é intemporal e a sua abordagem é atractiva. Recomendo-o como um recurso que irá crescentemente estimar.

Jesse C. Middendorf, DMin.

Superintendente Geral Emeritus, Igreja do Nazareno
Director Executivo, Center for Pastoral Leadership
Nazarene Theological Seminary (EUA)

De sorte que haja em vós o mesmo sentimento que houve também em Cristo Jesus, que, sendo em forma de Deus, não teve por usurpação ser igual a Deus, mas aniquilou-se a si mesmo, tomando a forma de servo, fazendo-se semelhante aos homens; E, achado na forma de homem, humilhou-se a si mesmo, sendo obediente até à morte, e morte de cruz.
Filipenses 2:5-8

O servo líder é primeiramente um servo... começa com o sentido natural de alguém que quer servir, de servir primeiro. Depois, a escolha intencional leva-o a aspirar liderar... A diferença manifesta-se no cuidado dado pelo servo - primeiro assegurando-se que a principal necessidade da outra pessoa está a ser alcançada.
Robert Greenleaf, *Servant Leadership*

Se alguém quiser ser o primeiro, será o derradeiro de todos e o servo de todos.
Marcos 9:35

Mas Jesus, chamando-os a si, disse-lhes: Sabeis que os que julgam ser príncipes das gentes, delas se assenhoreiam, e os seus grandes usam de autoridade sobre elas: Mas, entre vós, não será assim; antes, qualquer que entre vós quiser ser grande, será vosso serviçal; E, qualquer que de entre vós quiser ser o primeiro, será servo de todos.
Marcos 10:42-44 (NVI)

PREFÁCIO

É desejado que este livro sirva como um texto multilinguístico, multicultural e de nível de bacharelato acerca de uma liderança decisiva e fiel nas comunidades cristãs. Ele reflecte convicções às quais permaneço cativo à medida que vivo e lidero como um discípulo de Jesus Cristo em amadurecimento.

Depois da minha reforma como presidente da Universidade Nazarena de Mount Vernon em Ohio, fui eleito para a posição de comissário de educação para a Igreja do Nazareno. Como tal, foi meu prazer e privilégio trabalhar de perto com a Junta de Educação Internacional (IBOE), uma junta que representa globalmente as instituições nazarenas, os coordenadores de educação regional das regiões Ásia-Pacífico, Eurásia, América do Sul, Mesoamérica, África, EUA/Canadá e os líderes de junta das instituições de educação da Igreja do Nazareno.

A denominação, em 2015, tinha 52 colégios, universidades e seminários nos campus e centros de estudo em 118 nações, com recursos ligados juntamente a uma rede de apoio e colaboração sob o IBOE. Mais de 50,000 estudantes estavam envolvidos nestas instituições nessa altura, com muitos desses adultos a prepararem-se para o serviço cristão.

O meu compromisso com os estudantes envolvidos nessas instituições começou em 1978, quando me juntei ao corpo docente do European Nazarene College em Büsingen, Alemanha, como deão académico. O meu interesse foi aumentando à medida que trabalhei em várias tarefas na Southern Nazarene University em Bethany, Oklahoma; no Seminário

Nazareno da Ásia-Pacífico em Manila, Filipinas; e na Universidade Nazarena de Mount Vernon em Ohio.

Durante esses anos de administração em educação superior, continuei a voltar às salas de aula nas nossas instituições educacionais em vários países. Gostei de ensinar cursos relacionados com a liderança cristã e encontrei capacidade de resposta para com a estrutura e conteúdo das aulas. Também descobri que havia a necessidade de um livro para o nível universitário, à volta das regiões, para preparar adultos para o ministério.

Com o encorajamento de vários coordenadores de educação regional com os quais tenho trabalhado, este livro começa a tomar forma. Cheio de esperança e em espírito de oração, as seguintes páginas irão abordar este desafio de liderança nas comunidades cristãs.

INTRODUÇÃO

É-lhe pedido que assuma uma função de liderança numa comunidade de fé cristã. É necessário um professor de Escola Dominical ou um líder para um grupo de estudo bíblico e aceitou liderar o grupo. Uma congregação chamou-o para *pastorear* a igreja local, enquanto tem outro emprego a tempo inteiro. Foi eleito para uma posição de liderança na junta da igreja, no corpo, numa comissão ou para ser o *líder de recepcionistas*.

Talvez tenha sido seleccionado para liderar uma comunidade sem fins lucrativos para os sem-abrigo ou para um programa extra-escolar para crianças e adolescentes. Poderá ter sido eleito para uma junta de associação da comunidade onde vive.

Uma tarefa multicultural poderá estar a tirá-lo para fora da sua zona de conforto e familiar e está a experimentar um comportamento dentro do grupo que o desafia. Não se sente qualificado para a tarefa de liderança. De facto, recomendou outros para a posição que lhe foi oferecida. Ainda assim, ao ser convidado, e ao orar sobre o pedido, sentiu um empurrão *interno* para aceitar.

Se algum destes cenários é verdadeiro, poderá achar que este livro é benéfico ao liderar dentro da sua comunidade de fé ou até fora das estruturas da igreja onde vive e trabalha. Não lhe são oferecidas técnicas de liderança, nem foram esboçados *passos fáceis*. Em vez disso, é dada uma perspectiva; e são partilhadas reflexões, juntamente com uma visão teológica para liderar outros. Os valores, prioridades e princípios que me têm guiado ao liderar outros em variados países e em várias responsabilidades estão aqui resumidos. Talvez as "forças matrizes" esboçadas no livro podem servir para o motivar no seu trabalho com os outros. Essas convicções continuam a caracterizar-me no meu melhor e a desafiar-me no meu pior, à medida que luto para ser um efectivo líder servo cristão.

Por mais que os líderes, como eu e você, queiram ser conhecidos como decisivos, com uma tomada de decisão marcada pela firmeza e uma acção caracterizada pela certeza e conclusividade, o mais importante em liderar os outros é a comunicação com qualidade e profundidade distintivamente cristãs. Cuidar dos outros é uma marca de grandeza, mais do que a determinação. O nosso testemunho de fé em Jesus Cristo deve crescentemente informar e transformar a forma como vivemos na, e lideramos a, comunidade de fé, seja essa comunidade expressa em casa, no trabalho, numa aula de discipulado, no grupo de jovens, na junta da igreja, na congregação local ou no seminário. O *Sermão do Monte*- não o mais recente livro relevante - deve moldar-nos à medida que lideramos a nossa comunidade de fé cristã.

Três atractivas convicções estimulam-nos à medida que exploramos a nossa chamada vocacional de uma liderança decisiva, com uma visão de servir: convicções acerca de quem somos como povo de Deus; o que somos chamados a fazer na missão de Deus; e como vivemos juntos como a família de Deus. Estas três pedras angulares - uma **visão** acerca da nossa identidade, uma **paixão** acerca da nossa chamada ou vocação e uma **obsessão** acerca da comunidade de fé - são ameaças comuns que se tornam mais fortes na vida dos líderes decisivos que têm uma visão para servir.

Enquanto estava a pensar sobre este livro, percebi que para uma *liderança decisiva e fiel*, precisamos expandir as três pedras angulares em indicadores que guiam o nosso comportamento como líderes. Para muitos de nós, adoptar os seis indicadores irá constituir uma mudança na forma como abordamos a tarefa de liderar os outros.

Se os líderes devem ajudar os "liderados" a pensar e a agir de forma cristã, devemos adoptar, de todo o coração, esses *indicadores* de servos decisivos e as principais ideias à volta das quais este livro é escrito:

1. A PAIXÃO por uma liderança decisiva está enraizada numa visão do ministério.

2. O IMPERATIVO para uma liderança decisiva é falar com, em vez de, alguém.

3. O OBJECTIVO de uma liderança decisiva está focado em preparar efectivamente o corpo de Cristo - o povo de Deus - para o ministério e missão.

4. O MÉTODO para uma liderança decisiva em alcançar a visão inclui mentoria, administração da junta, planeamento missional e uma comunidade robusta.

5. A DOR de uma liderança decisiva é experimentada na tensão entre as pessoas boas e devotas a Deus... acerca da visão, valores e tradições.

6. A EVIDÊNCIA de uma liderança decisiva é reflectida no crescimento qualitativo dos liderados.

Deve haver uma visão dentro da comunidade cristã acerca do ministério que é partilhada tanto pelo líder como pelo liderado. Sem esta visão partilhada do ministério, a comunidade de fé irá experimentar a desintegração e o desespero. Por outro lado, mobilizar uma comunidade cristã para o ministério articula-se num compromisso radical para a nossa identidade como:

- irmãos e irmãs em Cristo, companheiros de viagem numa jornada espiritual;
- membros do corpo de Cristo, uma comunidade do povo de Deus;
- um microcosmo do reino de Deus na terra, uma comunidade de fé; e
- uma comunidade sacramental em quem, e através da qual, a graça de Deus flui.

A visão para este livro é que a geração mais nova de líderes venha a adoptar o modelo bíblico de "servo" como a forma motriz e o princípio organizador, à medida que buscam uma liderança decisiva. Um profundo sentido de mordomia compele-me a passar aos outros o que me tem sido tão livremente passado e de uma forma que eles possam ser *idóneos para também ensinarem os outros* (2 Timóteo 2:2).

No contexto dos fundamentos bíblicos e teológicos e da perspectiva espiritual, estratégica e de formação de aptidões, os leitores são convidados a uma busca vitalícia e apaixonada por um compromisso inabalável e intenso para com uma identidade distintivamente cristã na liderança. Há, de facto, uma presença e motivação profunda, ou um desligamento desconcertante, entre a fé cristã que professamos ao Domingo e a forma como lideramos decisivamente ao longo da semana dentro de uma comunidade de fé.

Fundamentalmente, creio eu, uma liderança decisiva está enraizada na perspectiva bíblica e não em aptidões organizacionais. Significa que a motivação primária das nossas acções é profundamente teológica. O Espírito de Deus em nós, capacita-nos a tomar decisões enraizadas na nossa identidade e vida em Cristo e na nossa perspectiva bíblica do mundo. As aptidões, claro, são necessárias. No entanto, aptidões afiadas sem motivos cristãos podem facilmente levar à manipulação. Junte-se a mim à medida que exploramos os conceitos que são inerentes ao líder servo cristão que não tem medo de uma liderança decisiva. Eles irão caracterizar-nos no nosso melhor e convencer-nos do nosso pior.

Mas Jesus, chamando-os a si, disse-lhes: Sabeis que os que julgam ser príncipes das gentes, delas se assenhoreiam, e os seus grandes usam de autoridade sobre elas: Mas, entre vós, não será assim; antes, qualquer que entre vós quiser ser grande, será vosso serviçal (Marcos 10:42-43).

"Irmão [irmã] deixe-me ser seu servo..." (*Sing to the Lord*, 1993, p. 679), à medida que reflectimos e exploramos juntos o que significa uma liderança decisiva... com uma visão clara, humildade profunda e uma determinação intensa de servir os outros.

INDICADOR UM

A **PAIXÃO** PARA UMA LIDERANÇA

DECISIVA ESTÁ ENRAIZADA NUMA

VISÃO DO MINISTÉRIO.

A PAIXÃO PARA UMA LIDERANÇA DECISIVA ESTÁ ENRAIZADA NUMA VISÃO DO MINISTÉRIO.

O ministério cristão é uma extensão do serviço de Jesus no nosso mundo, encarnando a cura, guiando, sustentando e reconciliando a obra de Jesus nas vidas daqueles com os quais trabalhamos e vivemos.

Edward LeBron Fairbanks

O primeiro indicador a ser discutido sonda os fundamentos de liderar espiritualmente com atenção particular dada a uma compreensão bíblica do ministério dentro de uma comunidade cristã. Como é que uma liderança decisiva e fiel se expressa numa comunidade cristã? Porque é que uma "visão teológica" daqueles com os quais vivemos e trabalhamos precede a "visão organizacional"?

Uma Visão do Ministério

Uma visão é uma imagem interna consumidora, fervente e atraente. É ver o que os outros não vêem. Na própria essência de um líder servo está uma visão teológica da nossa identidade dentro da comunhão cristã. Primeiro, acima de tudo, tanto o líder como o liderado são agraciados, abençoados, chamados e dotados como povo de Deus. E aqueles com os quais trabalhamos, na base do seu testemunho de fé, são o "corpo de Cristo e a comunhão do Espírito" (Efésios 3:6; Actos 2:42).

Como é que "imaginamos" o povo com o qual trabalhamos na nossa responsabilidade ministerial presente? Temos uma imagem (visão) interna consumidora, apaixonada, atraente (a) de quem somos como povo de Deus; (b) de como o povo deve viver como família de Deus; e (c) do que ele é chamado a fazer com a sua vida na missão de Deus?

Apenas depois de respondermos a essas questões é que estamos preparados para começar a equipar indivíduos para o seu ministério uns para os outros e para a sua missão no mundo. Isto requer uma visão moldada pelas Escrituras!

O que é Ministério?

Na sua mais breve e geral compreensão, ministério é "diakonia" ou SERVIÇO. No seu melhor, o ministério é o serviço apaixonado aos outros no nome de Jesus. Certas palavras ajudam-nos a compreender as várias dimensões do ministério cristão - palavras como cuidado, partilha, crescimento, relacionamento, ensino e até confrontação. O ministério na perspectiva do Novo Testamento ganha a forma de tomar a mão de uma pessoa submersa no medo, escutar atentamente a pessoa que está com problemas, chorar com uma pessoa que está magoada ou abraçar alguém que está de luto. Pode incluir levar estudantes ou paroquianos ao supermercado ou confrontar, em amor, a sua falta de disciplina ou hábitos descuidados. O ministério envolve partilhar a fé cristã ou um versículo com outra pessoa em tempos de necessidade. Cristo, no Seu ministério, buscou todas estas questões e ainda mais com uma paixão além da nossa compreensão.

O ministério cristão é uma extensão do serviço de Jesus no nosso mundo, encarnando a cura, guiando, sustentando, reconciliando a obra de Jesus nas vidas daqueles com os quais trabalhamos e vivemos. Se é cristão, é chamado ao ministério cristão.

O ministério compreendido no seu sentido mais amplo é o contexto para o nosso ministério específico. Podemos ser chamados e dotados para os ministérios pastoral, de ensino, evangelismo, de música ou de liderança. É fútil e contraproducente procurar servir dentro da nossa chamada pessoal, enquanto se ignora o mandato mais alargado para servir os outros no nome de Jesus.

Jesus definiu o sucesso no ministério cristão em termos do serviço ou da auto-doação aos outros no nome e lugar de Deus (Mateus 25:34-46). A nossa responsabilidade como líderes é cuidar do povo de Deus como um pastor compassivo cuida do seu rebanho, liderando e ensinando-o no caminho de Deus. O nosso mandato de liderança é motivar, equipar e capacitar o Povo de Deus a desenvolver os seus dons e a dar as suas vidas em serviço significativo para os outros no nome de Jesus. O nosso ministério é ajudar os outros a prepararem-se para os seus ministérios.

Dietrich Bonhoeffer enumerou sete expressões de ministério pelas quais uma comunidade cristã deve ser julgada e caracterizada.[1]

1. O Ministério de Manter a Nossa Boca Fechada

"Aquele que controla a sua língua, controla tanto a mente como o corpo," diz-nos Tiago. "Não permitam que saia das vossas bocas qualquer palavra torpe..." é uma admoestação da epístola de Efésios. Quando esta passagem nos caracteriza, seremos capazes de parar de criticar constantemente a outra pessoa, julgá-la e condená-la, colocando-a no seu lugar. Podemos permitir que a outra pessoa viva como uma pessoa completamente livre.

2. O Ministério da Mansidão

Isto é "cuidar mais dos outros do que de ti mesmo". "...*não se achem melhores do que realmente são* (NTLH)" diz-nos Paulo em Romanos 12:3. João diz-nos para não fazermos nenhum esforço para obter o louvor que vem apenas de Deus. Aquele que serve deve aprender a pensar primeiro nos outros.

3. O Ministério de Escutar

O primeiro serviço que alguém deve aos outros na comunhão consiste em escutar. Escutar pode ser um maior serviço para com as pessoas do que falar.

4. O Ministério de Ajuda Activa

Assistir simplesmente os outros dentro da comunidade cristã em assuntos externos, grandes e pequenos.

5. O Ministério de Carregar as Cargas dos Outros

"Levai as cargas uns dos outros, e assim cumprireis a lei de Cristo" é o desafio de Gálatas 6:2. "Levar" significa tolerar ou suster o outro em amor. Efésios 4:2 manda-nos *"Com toda a humildade e mansidão, com longanimidade, suportando-vos uns aos outros, em amor"*.

6. O Ministério de Proclamar a Palavra de Deus

Este é o ministério da palavra de Deus. Bonhoeffer não se refere à mensagem das Escrituras proclamadas num contexto formal tal como no culto de adoração. Refere-se sim à comunicação livre da palavra de Deus de pessoa a pessoa. Ele está a referir-se àquela situação única na qual a pessoa se torna testemunha em palavras humanas, com a consolação cristã.

7. O Ministério da Autoridade (Liderança)

Jesus afirma em Marcos 10:43: *"Mas, entre vós, não será assim; antes, qualquer que entre vós quiser ser grande, será vosso serviçal"*. Este é o paradoxo do ministério. Jesus tornou a autoridade na comunhão dependente do serviço fraternal.

Para Bonhoeffer, essas expressões práticas do ministério cristão providenciam o *contexto* dentro do qual os nossos ministérios específicos devem funcionar. Isto é particularmente verdade ao se relacionarem com o ministério específico da liderança.

O ministério de Cristo revela três características salientes:

1. Cristo— o Servo. O Seu ministério era um *"ministério servo"*. *"Se alguém quiser ser o primeiro, será o derradeiro de todos e o servo de todos"*

Marcos 9:35. Ele demonstrou o Seu serviço ao Seu Pai, ao fazer a vontade d'Aquele que O tinha enviado, e ao povo, ao aceitá-lo como ele estava e ao ir de encontro às suas necessidades, seja ao curar os doentes, alimentar os famintos ou simplesmente ao tomar tempo para escutar e estar com o pecador, os exilados ou o desconsiderado membro da sociedade.

2. Cristo— o Mestre. O Seu ministério envolvia *ensinar*. Ele ensinou com autoridade. Era conhecido como "Rabi, mestre". A proclamação do Evangelho e o anúncio do reino aos que tinham ouvidos para ouvir era conduzido não apenas em palavra, mas também em acção. Era um ensino claro, adaptado às necessidades dos ouvintes e ensinado com ilustrações e exemplos fáceis de entender.

3. Cristo— o Sacrifício. Ele foi o Cordeiro de Deus, que tira o pecado do mundo pelo Seu sacrifício na cruz. Ele deu a Sua vida pela Sua própria vontade em obediência ao Seu Pai. O Seu ministério foi essencialmente *sacrificial* e *sacerdotal*.

Se todos os cristãos são chamados a ser extensões de Cristo, então o ministério do Povo de Deus será caracterizado pelo serviço, ensino e sacrifício ao povo com o qual vamos contactar.

Os Servos Decisivos e os Liderados

Então, como é que o *nosso* ministério de liderança cristã pode capacitar os *outros* a cumprirem o *seu* ministério uns para com os outros e a *sua* missão no mundo? A liderança, para ministros de Cristo, é conhecida pelas personalidades que enriquece e não por aquelas que domina ou torna cativa. Será que as pessoas que estão a ser servidas, estão a *crescer* como cristãs? Estão elas próprias a tornarem-se servas? Estas são preocupações cruciais para a liderança do povo de Deus.

Robert Greenleaf sugere uma tese em que aqueles que são líderes devem servir aqueles que lideram. Apenas aqueles que servem, crê ele, são adequados para a liderança[2]. Apesar do livro ter sido escrito para a audiência secular, ele contém muitos pensamentos sobre a liderança serva que são similares às palavras de Jesus.

O falecido Harold Reed, antigo presidente do Olivet Nazarene University e do The Reed Institute for the Advanced Study of Leadership, referiu: "A qualidade da sua liderança é largamente determinada pela sua filosofia de vida".[3] Se a nossa filosofia de vida está baseada numa teologia bíblica da igreja e do ministério, então, a forma como lideramos, ou o nosso estilo de liderança, irá focar-se no crescimento qualitativo dos liderados como ministros de Jesus Cristo, chamados para servir os outros no Seu nome.

Compreendido desta forma, o ministério cristão é um *ministério partilhado* com cada crente, servindo e apoiando uns aos outros, usando os dons dados pelo Espírito para estimular o crescimento pessoal e corporativo e a reconciliação tanto da igreja como do mundo. O ministério, como as missões, é uma função e expressão de toda a igreja. Não é algo que apenas algumas pessoas são chamadas, treinadas e ordenadas a fazer - mas é uma função do povo de Deus.

Um Modelo de Ministério

Talvez o seguinte esboço do meu modelo de ministério (Figura 1.1) vá resumir esta discussão sobre o relacionamento do ministério de liderança do pastor-mestre com o ministério do povo de Deus a quem ele/a serve.

Note a sequência da GRAÇA - estávamos mortos (Efésios 2:1) e agora estamos vivos pela GRAÇA através da fé (Efésios 2:8). Deus inicia e capacita os Seus filhos através da GRAÇA a participarem com Ele na Sua missão.

Seguindo o círculo completo da Figura 1.1, da Graça até ao líder interagir com os liderados, até à mudança entre os liderados, e finalmente até aos resultados produzidos por eles, torna-se claro que o nosso ministério de liderança é preparar os outros para os seus ministérios. Nota como é que os liderados, então, começam a ser integrados na porção do "ministério" na sequência de eventos?

A GRAÇA incorpora-nos na IGREJA, a família de Deus, para nos tornarmos o povo de Deus, o corpo de Cristo e a comunhão do Espírito (Efésios 2:19-22).

A. Um Modelo de Ministério

A relação entre o ministério do pastor/professor e o ministério da comunidade de fé que ele ou ela lidera.

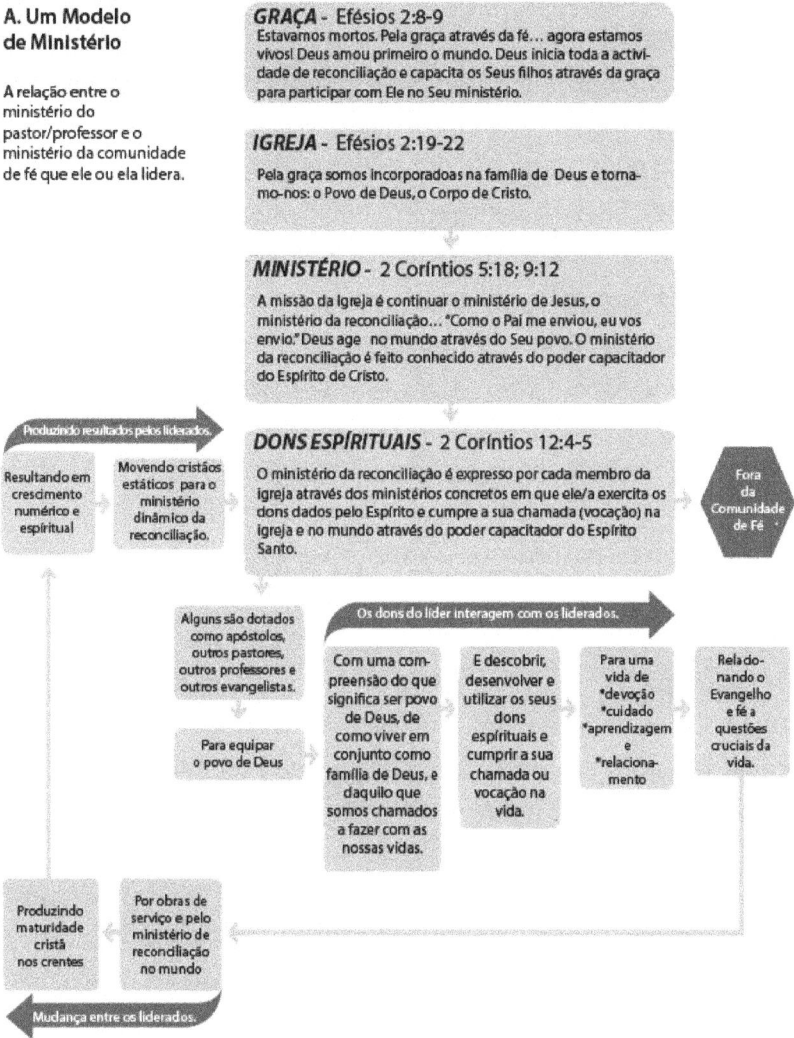

GRAÇA - Efésios 2:8-9
Estávamos mortos. Pela graça através da fé... agora estamos vivos! Deus amou primeiro o mundo. Deus inicia toda a actividade de reconciliação e capacita os Seus filhos através da graça para participar com Ele no Seu ministério.

IGREJA - Efésios 2:19-22
Pela graça somos incorporadas na família de Deus e tornamo-nos: o Povo de Deus, o Corpo de Cristo.

MINISTÉRIO - 2 Coríntios 5:18; 9:12
A missão da Igreja é continuar o ministério de Jesus, o ministério da reconciliação... "Como o Pai me enviou, eu vos envio." Deus age no mundo através do Seu povo. O ministério da reconciliação é feito conhecido através do poder capacitador do Espírito de Cristo.

DONS ESPIRITUAIS - 2 Coríntios 12:4-5
O ministério da reconciliação é expresso por cada membro da igreja através dos ministérios concretos em que ele/a exercita os dons dados pelo Espírito e cumpre a sua chamada (vocação) na igreja e no mundo através do poder capacitador do Espírito Santo.

Produzindo resultados pelos liderados.

Resultando em crescimento numérico e espiritual

Movendo cristãos estáticos para o ministério dinâmico da reconciliação.

Fora da Comunidade de Fé

Alguns são dotados como apóstolos, outros pastores, outros professores e outros evangelistas.

Os dons do líder interagem com os liderados.

Para equipar o povo de Deus

Com uma compreensão do que significa ser povo de Deus, de como viver em conjunto como família de Deus, e daquilo que somos chamados a fazer com as nossas vidas.

E descobrir, desenvolver e utilizar os seus dons espirituais e cumprir a sua chamada ou vocação na vida.

Para uma vida de *devoção *cuidado *aprendizagem e *relacionamento

Relacionando o Evangelho e fé a questões cruciais da vida.

Produzindo maturidade cristã nos crentes

Por obras de serviço e pelo ministério de reconciliação no mundo

Mudança entre os liderados.

Figura 1.1. Modelo de ministério. © E.L. Fair_Bodybanks

A missão da IGREJA é o MINISTÉRIO contínuo de Jesus, o ministério de reconciliação (2 Coríntios 5:18; 9:12). "*Assim como o Pai me enviou,*" disse Jesus, "*também eu vos envio*" (João 20:21). Deus age no mundo através do Seu povo.

Cada membro da IGREJA, através dos DONS ESPIRITUAIS específicos e concretos, expressa o MINISTÉRIO de reconciliação. A GRAÇA alcança isto à medida que ele/a cumpre a sua chamada ou vocação na igreja e no mundo, através do poder capacitador do Espírito de Cristo que habita (1 Coríntios 12:4-5, 11).

Alguns são dotados como "apóstolos, pastores, mestres e evangelistas" para equipar, preparar e moldar o Povo de Deus para o seu ministério (Efésios 4:11-16).

Esses dons de liderança interagem com os liderados com "dons da graça" para equipar o Povo de Deus com uma compreensão do que significa ser o povo de Deus, de como viver em conjunto como família de Deus e do que somos chamados a fazer com as nossas vidas na missão de Deus. O povo de Deus está preparado para descobrir, desenvolver e utilizar os seus dons espirituais e para cumprir a sua chamada ou vocação na vida (Romanos 12:6-8). O povo está preparado para um estilo de vida de devoção, cuidado, aprendizagem e para relacionar o Evangelho e fé às preocupações cruciais da vida.

Equipar o povo de Deus é prepará-lo para "obras de serviço" (Efésios 4:12) e para o ministério de reconciliação (2 Coríntios 5:17-20). Os cristãos estão equipados na sua fé, resultando no crescimento espiritual e na maturidade cristã. Até os cristãos passivos participam crescentemente no ministério de reconciliação, à medida que exercitam os dons espirituais, na sua chamada ou vocação, onde vivem, trabalham e servem fora da comunidade de fé.

A "Visão Partilhada" do ministério. A visão partilhada e a liderança cristã estão entrelaçadas, visto que os liderados devem ser servidos pelo líder, que partilha a visão com os liderados. Mais uma vez, o fundamental para o líder cristão não é tanto a "visão organizacional", mas a "visão teológica".

O saudoso Henri Nouwen reflectiu sobre um escultor que trabalhou arduamente com o seu martelo e fornalha num grande bloco de mármore:

> Um pequeno rapaz que estava a observá-lo não via mais do que grandes e pequenas peças de pedra a cair para a esquerda e para a direita. Ele não tinha ideia do que estava a acontecer. Mas quando o rapaz voltou ao estúdio algumas semanas depois, viu, para sua surpresa, um grande e poderoso leão sentado no lugar onde o mármore tinha estado. Com grande excitação, o rapaz correu para o

escultor e disse: "Senhor, diga-me, como é que sabia que havia um leão no mármore?"[4]

O que é que *vemos* nas pessoas com quem trabalhamos? Vemos problemas ou possibilidades? A situação presente ou o potencial futuro? O nosso desafio é ver além do passado, ou até do presente com os seus problemas, para "sonhar" ou "ver" indivíduos redimidos - todos os que são chamados a viver como extensão de Jesus no seu mundo, incorporando a cura, sustentando, reconciliando a obra de Jesus nas vidas daqueles com quem eles trabalham e vivem.

Como líderes, precisamos de uma interna imagem consumidora, apaixonada, atraente de (a) *quem* somos como povo de Deus; (b) de *como* o povo deve viver junto como família de Deus; e (c) do *que* somos chamados a fazer com as nossas vidas na missão de Deus.

Liderança - A *Transferência* de visão. Precisamos transferir a nossa visão de ministério para aqueles de quem temos cuidado e temos responsabilidade cristã; eles irão, por sua vez, transferir a sua visão a outros! Crer que todos os cristãos, até aqueles com os quais trabalhamos e que por vezes tornam a nossa vida tão difícil, são chamados e dotados para o ministério de Cristo é humilhante, frustrante, exigente e necessário! Mais e mais, precisamos de ver-nos como "equipadores" de ministros. Infelizmente, a maioria de nós tem sido educada para ser ministros e não "equipadores" de ministros.

O ministério partilhado exige *ver* profundamente e *visionar* profundamente. Apenas a pessoa que consegue ver o invisível pode fazer o impossível. Questões como "E se...? e Porque não...?" devem estar na nossa mentalidade relativamente aos cristãos com os quais trabalhamos. E se... eles fossem chamados para o ministério cristão? Porque não... assumir que isso é verdade e proceder de acordo com isso?

O falecido filósofo Quaker, Eldon Trueblood, "Se, na igreja de repente levássemos a sério que cada membro leigo, homem e mulher, é realmente um ministro de Cristo, poderíamos ter algo parecido a uma revolução."[5]

Trueblood continuou: "Originalmente, no Novo Testamento, o termo "leigo" significava todas as pessoas no antigo movimento cristão, o *laos*, mas finalmente uma pessoa leiga veio a significar qualquer não-profissional, independentemente do campo em consideração".[6]

Ele acreditava que "qualquer que fosse a vocação da pessoa no mundo, ...o ministério pode ser a sua *outra* vocação e talvez a sua mais verdadeira vocação". Os leigos, creio eu, "não são assistentes" do pastor, para o ajudar a fazer o seu trabalho. Em vez disso, o pastor deve ser o seu assistente. A sua função é a de "ajudar os membros para a obra do ministério", para a qual Deus os chamou.[7]

Apenas a partir desta perspectiva é que o ministério irá ser mutuamente compreendido e partilhado. Sem esta visão partilhada, o ministério em e através da igreja local ou instituição teológica é tão impossível como um triângulo de dois lados. O ministério acontece quando o pastor e a congregação, administrador e estudantes, líder e liderados têm uma visão do ministério cristão e buscam-na juntos. Quanto mais consumidora for a visão, maior é o compromisso no ministério.

"Precisamos ser capturados por uma visão que transcende o ministério ao povo e o ministério *para* o povo, para ministrar *como* povo e ministrar *pelo* povo".[8] A visão partilhada do ministério exige uma *convicção apaixonada* relativamente ao ministério que se propõe a fazer algo acerca do discernimento. O nosso ministério de liderança é o de ajudar os outros a compreender e a desenvolver o seu ministério. Quando as pessoas com visão similar estão juntas, algo extraordinário ocorre.

ENTÃO, COMO É QUE COMUNICAMOS UMA VISÃO DO MINISTÉRIO QUE SE TORNARÁ UMA VISÃO PARTILHADA?

Jesus desafia-nos em Lucas 6:40: "O discípulo não é superior a seu mestre, mas, todo o que for perfeito será como o seu mestre" (ou o seu pastor ou presidente da escola)! O ministério é sempre encarnado e concreto. O ministério deve ser vivido! Mas o que é que nós desejamos que os nossos estudantes, equipa ou congregação captem em nós?

Queremos que o nosso povo capte em nós um espírito servo, comprometido em *motivá-los, equipá-los e capacitá-los para servirem outros no nome de Jesus.* Queremos passar a nossa paixão e visão para que, por sua vez, eles possam entrar no ciclo do ministério. Isto é o sucesso para o líder cristão! Isto é o que significa ser um líder servo!

Somos confrontados com uma necessidade de comunicar um estilo de vida que é distintivamente cristão e que se doa na sua essência. Como ensinar compromissos, prioridades, valores e disciplinas espirituais? Como ensinar estilo de vida?

"*Sede meus imitadores, como também eu, de Cristo,*" 1 Coríntios 11:1. "*Porque vós mesmos sabeis como convém imitar-nos,*" 2 Tessalonicenses 3:7. "*O que também aprendestes, e recebestes, e ouvistes, e vistes em mim, isso fazei; e o Deus de paz será convosco,*" Filipenses 4:9. "*...para vos dar em nós mesmos exemplo, para nos imitardes,*" Paulo refere em 2 Tessalonicenses 3:9. O apóstolo dá essas palavras aos cristãos sob seu cuidado com humildade; devemos fazer o mesmo por quem somos responsáveis.

Para Paulo, uma forma chave de "ensinar um estilo de vida" era através do exemplo pessoal. Que qualidades de liderança devem os outros ver em nós como líderes organizacionais ou institucionais, professores ou pastores, se queremos transferir efectivamente a nossa visão do ministério? Efésios 4:25-32 providencia um estilo de vida de liderança servo (ver o Indicador Dois para saber mais sobre este estilo de vida).

Efésios 4 começa com o desafio de andar dignamente da nossa chamada como cristãos. As características da pessoa que "anda dignamente" vêm depois do desafio. Somos instruídos a ser gentis, humildes, pacientes e apoiantes uns dos outros. Ao viver desta forma, iremos "manter a unidade do espírito no vínculo da paz".

Paulo não está a falar tanto acerca de técnicas administrativas como também sobre atitudes cristãs que são o fundamento das nossas acções e actividades. Somos co-trabalhadores no corpo de Cristo (Efésios 4:25). Funcionamos com os outros num enquadramento "eu-tu" de referência. O povo com o qual trabalhamos é a própria criação de Deus.

Liderar decisivamente os outros de uma perspectiva distintivamente bíblica e teológica é o nosso objectivo! Esses princípios e conceitos de convicção podem não ser encontrados no último livro secular sobre liderança; mas são a base para os líderes que querem que o seu povo capte deles um espírito de servo, comprometido para os preparar a servir outros no nome de Jesus.

A nossa tarefa, então, como líderes cristãos, é maior e ainda mais exigente do que comunicar factos, datas, pessoas, lugares ou eventos. A nossa responsabilidade inclui um apaixonado estilo de vida de servo cristão que motiva e equipa os liderados a *servir os outros no nome de Jesus.*

Se esta é a nossa *visão* do ministério e se o nosso estilo de vida é caracterizado por Efésios 4:25-32, então, aqueles que servimos e pelos quais somos responsáveis irão crescentemente adoptar esta visão como sua visão do ministério. Eles não verão em nós um produto acabado. Em vez disso, vão descobrir em nós um processo contínuo de transformação para a semelhança em Cristo.

Não é fácil. Como presidente de uma universidade, questionava continuamente: "O que quer dizer ser um servo para os meus estudantes, corpo docente e equipa, pais, pastores, comunidade e líderes denominacionais? O que significa ser um servo no meio de todas as expectativas, papéis e funções?"

Recordo-me bem de um membro do corpo docente, depois de assinar um contrato para ensinar no ano seguinte, me informar de forma rude que se estava a demitir e a ir para outra universidade leccionar. Poderia ter insistido para que ele cumprisse o contrato, mas compreendi que devia concordar com a finalização do mesmo. Dentro de poucas semanas após a sua partida, recebi o que senti ter sido uma carta "intensa" da parte dele, referindo queixas e problemas que tinha com a universidade e comigo. Propositadamente, adiei a minha resposta durante vários dias. Em vez de tentar responder aos seus pontos, um por um, escrevi-lhe uma carta com um pedido de desculpas por aparentemente ter falhado para com ele, enquanto fazia parte do corpo docente. Pedi-lhe o seu perdão. Não recebi nenhuma resposta dele.

O que dizer sobre os riscos de confiar nos outros? Mal-entendidos? Abusos? Traições? Dor? Sofrimento? Vale a pena? Vale realmente a pena o risco de ser um líder servo?

Estou a melhorar na minha compreensão da profundidade dessas questões e das suas respostas. Devagar, mas com confiança interna, estou a desenvolver uma profunda convicção - teologicamente fundamentada – de que devo aceitar os riscos e servir o meu povo com integridade, se sou um líder cristão. E também a/o irmã/ão, será desafiado a encontrar tais respostas em situações que enfrenta. Algumas irão magoar-nos; mas não nos devemos afastar dos muitos que respondem à nossa confiança, encorajamento, orientação e segurança que depositamos neles.

A tentação para nós como líderes é a de nos afastarmos das pessoas quando somos magoados ou mal-entendidos. Eu creio que é verdade que alguns indivíduos abusam de um relacionamento próximo com o seu líder. Precisamos recordar que até Jesus teve o Seu Judas. No entanto, da minha perspectiva, a grande maioria daqueles que lideramos irá responder ao encorajamento, orientação, mentoria e edificação.

Definições de Liderança

Há imensa literatura com definições de liderança. A liderança cristã é, creio eu, o humilde serviço a outros para o propósito de os capacitar, através do exemplo e ensino, a viver as suas vidas sob o senhorio de Cristo e para compreender, aceitar e cumprir o seu ministério uns para com os outros e a sua missão no mundo.

O falecido Harold Reed citou:

> A liderança é conhecida pelas personalidades que enriquece e não por aquelas que domina ou torna cativa. A liderança não é um processo de exploração dos outros para uma qualquer finalidade. É um processo de ajudar os outros a descobrirem-se no cumprimento dos objectivos que se tornaram intrusivos para eles.[9]

Numa conferência nacional para presidentes de colégios e universidades cristãos, Max de Pree citou: "A primeira responsabilidade da liderança é definir a realidade".[10]

Peter Koestenbaum citou: "A liderança é a arte de combinar resultados e coração".[11]

Qual é a sua resposta para com estas definições? Quais são as palavras chave, frases ou temas chave nestas declarações? Como modificaria as referências? Tome um momento e reflicta sobre as várias definições de liderança com as quais está familiarizada/o e depois reflicta nestas questões:

1. Qual é a definição mais significativa da liderança para si? Porquê?
2. Quais são alguns dos temas recorrentes nas definições de liderança?
3. Como combinaria os seus pensamentos sobre liderar os outros com a confiança deste primeiro indicador sobre uma liderança decisiva estando enraizado numa visão do ministério? Escreva abaixo os pensamentos que lhe estejam a surgir:

   _____

   _____

O quão claramente "vemos" esta visão irá determinar o grau ao qual a nossa liderança será julgada como "bem-sucedida" sob a perspectiva bíblica. Na comunidade cristã, uma liderança decisiva e a efectividade do ministério dos leigos são quase sinónimos.

Tome algum tempo para reflectir sobre as seguintes passagens bíblicas à medida que molda a sua definição sobre a liderança cristã:

Romanos 12:1-3, 9-13	2 Coríntios 8-10
Filipenses 2:5-11	Gálatas 3:26-28
1 Tessalonicenses 1, 2	Efésios 5:15-21
1 Coríntios 2	Gálatas 5:16-26
1 Coríntios 12-13	2 Coríntios 4:1-11
2 Coríntios 5:15-25	

Adicione mais passagens bíblicas que ache úteis na compreensão do seu papel de liderança na comunidade de fé.

Cinco Lições Importantes

Ao longo dos anos, tenho aprendido cinco lições importantes sobre aceitar aqueles que lideramos que não necessariamente adoptam a visão do ministério esboçada neste capítulo.

1. Pessoas boas e devotas a Deus diferem e por vezes colidem com o líder.
2. Muitos dos assuntos nos quais experimentamos conflito são assuntos culturais e étnicos, baseados na comunidade local e de família, e não são uma violação às Escrituras.

3. As diferenças que nos dividem têm o poder de alienar membros do corpo de Cristo e de impactar negativamente a obra de Cristo nas nossas comunidades.

4. Respeitar aqueles que diferem de nós é amá-los, como Deus os ama.

5. Aceitar os outros implica que podemos aprender deles.

Por favor adicione lições que tem aprendido relativamente a pessoas boas e devotas a Deus que diferem de si relativamente à sua visão do ministério.

1. _____

2. _____

3. _____

Lidere decisiva e fielmente com uma *visão para servir* e com um compromisso de equipar líderes servos! Se a/o irmã/ão e eu formos capturados por esta visão de formação de ministério e caracterizados por um estilo de vida de servo, então os grupos que lideramos - independentemente do seu tamanho - serão vivificantes, frutíferos e *distintivamente cristãos*.

Encontre uma forma de servir o seu povo. O ciclo do ministério cristão irá capacitar o povo que lidera a alcançar e a servir os outros no nome de Jesus! *Isto é* liderança serva! É para *este* ministério que somos chamados!

Independentemente do que envolva a nossa tarefa envolva, a responsabilidade de liderar outros compele-nos a viver um estilo de vida servo que motiva aqueles que lideramos a servir os outros no nome de Jesus. A nossa responsabilidade no ministério é internalizar a paixão da graça, tornando-a parte da forma como lideramos (o nosso estilo de vida de liderança), para que ela passe para aqueles que lideramos; que por sua vez, irão incorporá-la no seu estilo de vida de liderança. Observar o ciclo da liderança cristã desenvolver-se e chegar à fruição naqueles que lideramos é a recompensa do ministério.

No Capítulo um, ligámos a paixão dos líderes servos a uma visão bíblica do ministério. A liderança cristã começa com uma oração e paixão em reflectir o amor de Cristo pelos outros. O primeiro passo para nós, líderes decisivos, é visionar a paixão de Cristo de servir e transferir esta visão àqueles que lideramos.

Mobilizar uma comunidade cristã para o ministério articula-se num compromisso de todo o coração com a nossa identidade dentro da comunidade de fé como o povo de Deus, o corpo de Cristo e a comunhão do Espírito. Esta *visão* dentro da comunidade cristã relativamente ao ministério impacta tanto o pastor como os leigos.

Com um foco com uma precisão de raio laser, a orientação e motivação dos líderes servos devem ser fundamentadas de forma resoluta numa visão bíblica do *ministério*.

INDICADOR DOIS

O IMPERATIVO PARA UMA LIDERANÇA DECISIVA É FALAR COM ALGUÉM, EM VEZ DE FALAR DE ALGUÉM.

O IMPERATIVO PARA UMA LIDERANÇA DECISIVA É FALAR COM ALGUÉM, EM VEZ DE FALAR DE ALGUÉM.

"Não saia da vossa boca nenhuma palavra torpe, mas só a que for boa para promover a edificação, para que dê graça aos que a ouvem."

Efésios 4:29

Virginia Satir acreditava que a "comunicação é para os relacionamentos o que o respirar é para manter a vida".[12] Para parafrasear Satir, tenho visto que a comunicação é, para a liderança, o que a respiração é para o viver.

Uma noite, ao visitar uns amigos num estado próximo, tive um vívido sonho. Por alguma razão, estava numa cidade do interior, algures nos Estados Unidos. Estava a viajar com um amigo e tínhamos acabado de testemunhar uma discussão violenta numa loja. Um homem da cidade interior estava a vender mercadoria a outro homem que não era dessa cidade.

Não me conseguia lembrar da causa da discussão, mas lembro-me da pessoa da cidade do interior dizer ao outro homem: "Nunca irás compreender; não és daqui".

Lembro-me de ouvir muito atentamente ambos os lados da discussão e acreditar em partes daquilo que cada um estava a dizer. Os dois homens que estavam a discutir separaram-se finalmente. Lembro-me de ter ficado tão afectado com o que tinha visto que, por alguma razão, tive a coragem de ir falar com o homem da cidade interior. Disse-lhe: "Eu de facto não sei quem está certo e quem está errado. Não sei o que deveria ser feito nesta situação." E depois continuei: "O que mais me incomoda é que acabei de experimentar uma pequena imagem da nossa sociedade em geral. Falamos e discutimos veementemente a partir da nossa perspectiva, sempre assumindo que estamos certos." Mas o que me "sacudiu" para fora do sonho foi uma frase que lhe disse com intensa paixão: "Parece-me que vocês só estavam a falar um do outro."

Nessa altura, acordei do meu sonho. O meu coração estava literalmente a saltar-me do peito. Comecei a pensar acerca do sonho e das suas implicações. Não conseguia fugir das palavras: "Realmente não sei quem estava certo ou errado, mas parece-me que vocês só estavam a falar um do outro."

Comecei a ponderar as implicações do meu sonho para a minha própria vida e relacionamento com os outros. "Realmente não sei quem estava certo ou errado, mas parece-me que vocês só estavam a falar um do outro." *Quão frequente é este cenário na vida real e quão doloroso é-* até nas nossas comunidades cristãs.

Questões para Líder Decisivos numa Comunidade de Fé

No primeiro ano a ensinar no European Nazarene Bible College perto de Schaffhausen, Suíça, lembro-me de partilhar uma questão na aula: Como podemos viver juntos, para que os nossos relacionamentos sejam redentores e um testemunho para os não crentes da obra reconciliadora de Cristo?

Cedo percebi que esta é uma questão de liderança relacionada com a *visão* e com a *comunicação*! Como é que a minha liderança de outros os capacita a cumprir o seu ministério uns para com os outros e a sua missão no mundo, no contexto de um *laboratório dinâmico* sobre aprender como viver *juntos* como filhos de Deus? Se, "*em Cristo, todas as coisas são feitas novas*" (2 Coríntios 5:17), então como é que o meu testemunho de fé em Cristo transforma a forma como lidero? O que é que "vemos" nos outros que difere de nós acerca da missão, visão, valores, planos e programas? Falamos com eles ou deles?

No meio de expectativas conflituosas, múltiplos constituintes, contextos denominacionais diferentes, vários níveis de maturidade, perspectivas multiculturais, como é que podemos viver juntos, de forma cristã? Como é que a nossa busca pela semelhança a Cristo se traduz num estilo de vida de liderança cristã?

Para missionários em situações interculturais, pastores em igrejas locais, pais em casa ou administradores da organização ministerial que trabalham com voluntários, essas questões tornam-se cruciais.

Frequentemente somos colocados juntos, por causa dos nossos trabalhos de liderança, numa comunidade íntima, na qual nos tornamos conscientes das forças e fraquezas dos outros. Cedo, as nossas próprias diferenças de personalidade tornam-se óbvias. Percebemos que o nosso contexto específico de liderança (como missionário, pastor, administrador ou pai) torna-se um laboratório dinâmico para aprender como viver juntos como família de Deus. Percebemos como responder ao conflito quando estamos sob pressão.

Os primeiros três capítulos de Efésios são primariamente indicativos na estrutura de linguagem e dão afirmações de facto. Eles são doutrinários por natureza e explicam quem somos em Cristo. Os capítulos 4-6 de Efésios são primariamente imperativos por natureza e dão ordens de acção, são eticamente focados e explicam como devemos viver como cristãos.

Efésios 4:1 é o versículo de transição que nos convida a andar de forma digna da nossa chamada e a participar com Deus na Sua missão de reconciliar o mundo consigo mesmo. Viver a vida transformada e participar na

Não mentir
(4:25a)

Não evitar lidar com a zanga

A. Ser Honesto (4:25b)

1. Porque "somos membros de um só corpo" (4:25b)

4. Porque temos sido perdoados por Cristo (4:32)

FALAR A VERDADE EM AMOR

2. Porque caso contrário, abrimos uma brecha nas nossas vidas para Satanás.

D. Ser Perdoador (4:32b)

B. Ser Imediato (4:26)

Não guardar ressentimentos (4:31)

3. Por causa do poder das palavras para curar e para afirmar (4:29c)

C. Ser Edificante (4:20b)

Não dizer "palavras torpes" (4:25a)

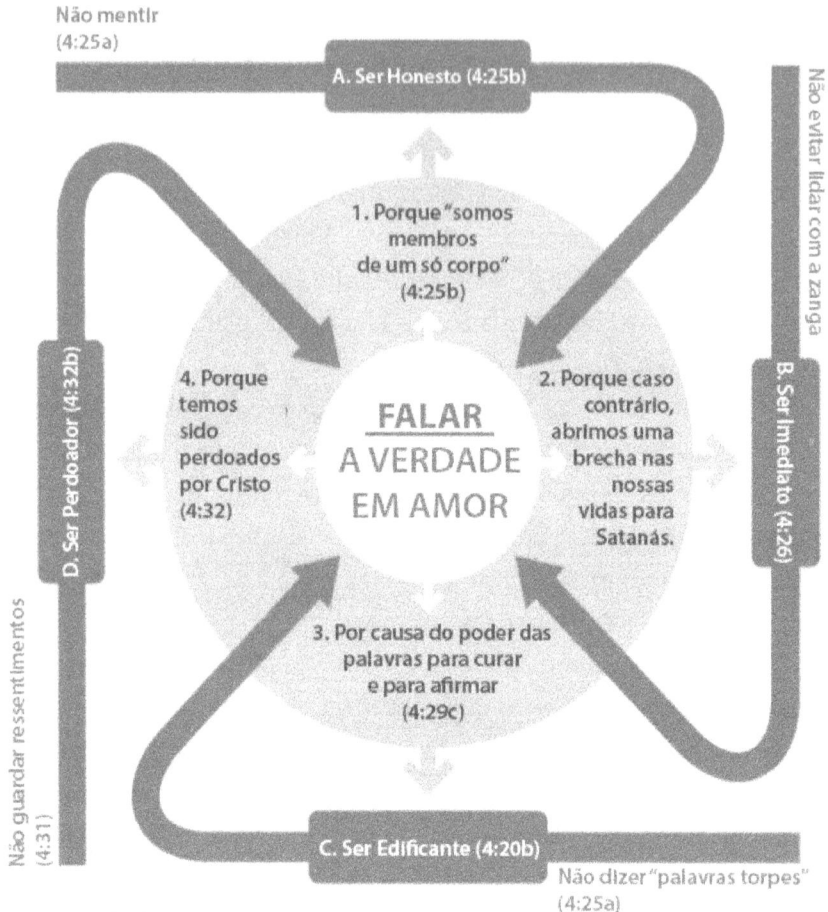

Figura 1.1. Um Modelo de Comunicação para uma Liderança Decisiva © E.L. Fair_Bodybanks

missão reconciliatória e no ministério de Deus é, de facto, uma grande e santa chamada. Como é que lideramos uma comunidade de fé para compreender e adoptar esta chamada?

> *"Com toda a humildade e mansidão, com longanimidade, suportando-vos uns aos outros, em amor, Procurando guardar a unidade do Espírito pelo vínculo da paz."* (Efésios 4:2-3)

Paulo refere que a reconciliação com Deus deve ser primeiro demonstrada pelo viver redentor dentro da comunhão. Em essência, o apóstolo está a dizer que iremos ter credibilidade de dizer a não cristãos que eles precisam de se reconciliar com Deus, quando a reconciliação cheia de graça é reflectida dentro da comunhão dos crentes, particularmente, na forma como o grupo é liderado.

Um Modelo de Comunicação para uma Liderança Decisiva

"*Falar* a verdade em amor..." (Efésios 4:15a) é uma ferramenta poderosa e um conceito bíblico de Paulo para os líderes das comunidades cristãs que diariamente buscam viver a vida reconciliada e transformada. "Dizer a verdade em amor" é um princípio capacitador para os cristãos adoptarem e os seus líderes modelarem. No entanto, a capacidade de *"fazer contacto"* não é automaticamente desenvolvida quando somos cheios do Espírito de Deus.

Ao longo dos anos, a Figura 2.1 tem-me providenciado um modelo para pensar acerca do impacto poderoso e capacitador da graça e para fazer o difícil e necessário trabalho da conversa pastoral em comunidades de fé onde tenho servido.

Há muito tempo, disse aos meus estudantes: "*Estou cativo das convicções relacionais nos imperativos de comunicação* de Efésios 4, especialmente os versículos 1-3, 15-16 e 25-32". Seja o que for que signifique uma "Liderança Decisiva e Fiel", deve ser expresso em e através da rede de um **filtro de comunicação cheio de graça** que valoriza e respeita as pessoas como indivíduos criados por Deus e dignos de serem vistos como Seus filhos. O Deus trino entristece-Se quando o Seu povo se relaciona de forma semelhante àquela que os não cristãos se relacionam.

O poema seguinte, escrito pela falecida terapeuta familiar, Virginia Satir, expressa a essência do que significa falar a verdade em amor:

OBJECTIVOS PARA MIM
Quero amar-te sem te agarrar,
apreciar-te sem te julgar,
juntar-me a ti sem te invadir, convidar-te sem exigir,
deixar-te sem culpa, criticar-te sem te censurar,
e ajudar-te sem te insultar.
Se puder obter o mesmo de ti,
então podemos verdadeiramente encontrar-nos
e enriquecer-nos um ao outro.[13]

Situações de conflito aparecem de facto em comunidades de fé. No entanto, que diferença faz quando afirmamos que a pessoa "à nossa frente na mesa" com quem estamos em conflito, na base do seu testemunho de fé, é um irmão ou irmã em Cristo e membro, comigo, do corpo de Cristo!

Com esta perspectiva em mente, reveja Efésios 4:25-32 para identificar razões para falar a verdade em amor à medida que vivemos e lideramos.

1. Falamos "a Verdade em Amor" porque: "Somos Membros de um Corpo" (Efésios 4:25)

Na carta de Paulo aos efésios, ele tem muito a dizer acerca das nossas conversas com os outros. Por causa da nossa convicção de fé de falar a verdade em amor, devemos "abandonar a mentira" (Efésios 4:25). Não devemos mentir. Paulo está a falar aos cristãos. Este versículo foi aplicado particularmente a áreas de desonestidade emocional – não ser honesto com os outros relativamente aos meus sentimentos negativos para com eles quando barreiras entre nós têm sido criadas. John Powell explicou os níveis de comunicação nos quais falamos:

- Nível mais baixo – o nível do cliché
- Nível seguinte - o nível dos factos
- Um nível acima - o nível da ideia
- Um nível ainda mais acima - o nível dos sentimentos[14]

Paulo encoraja-nos a ser honestos. Com a consciência que somos aceites, vem a liberdade de sermos honestos. As determinações do Novo Testamento de "falar a verdade em amor uns para os outros" implicam mais do que a ausência de mentiras. Implica o tipo de honestidade que *permite aos outros conhecer-nos como somos*, seguros na nossa aceitação por Deus e por eles e baseado na experiência afirmadora de amor. Satir chama "congruência" a este tipo de honestidade emocional. Ela referiu: "Ser emocionalmente honesto é a essência de fazer contacto".[15]

Até sob ataque, o apóstolo Paulo abriu o seu coração aos outros, para partilhar com eles os seus sentimentos e experiências internas (2 Coríntios 1:3-9, 2:1-4). Ele podia clamar sem hesitação que os líderes religiosos dessa altura eram rotulados como hipócritas porque estavam sempre a focar-se no exterior como a medida da fé de alguém. É provável que os seus estilos de vida no fim viessem a mostrar que se estavam a enganar a eles mesmos, assim como estavam a enganar os outros. É impressionante que os fariseus são o único grupo de pessoas a quem Jesus foi incapaz de tocar. Eles tinham perdido contacto com a realidade, viviam no seu próprio mundo de pretensa e foram cortados para fora de tudo o que os poderia ter salvo.

João lida com o assunto da honestidade na sua primeira epístola. Ao insistir para andarmos na luz ele primeiro aponta-nos para a necessidade de sermos honestos connosco mesmos (e com os outros) acerca dos nossos pecados e falhas (1 João 1:1-9). A liberdade de conhecer a limpeza progressiva de Deus vem apenas com a honestidade acerca dos nossos pecados e ao confessá-los. É imperativo que haja um contexto na comunhão dos crentes em que eles possam ser honestos uns com os outros, tomar os fardos uns dos outros, onde o perdão pode ser pedido e dado livremente e a confissão é feita.

Porque é que isto é tão importante? Paulo refere que os seguidores de Cristo são membros de um único corpo (versículo 25). Leia as seguintes passagens que também descrevem o nosso relacionamento uns com os outros.

1 Coríntios 12:12-27

Porque, assim como o corpo é um e tem muitos membros, e todos os membros, sendo muitos, são um só corpo, assim é Cristo também. [13]Pois todos nós fomos baptizados em um Espírito, formando um corpo, quer judeus, quer gregos, quer servos, quer livres, e todos temos bebido de um Espírito. [14]Porque também o corpo não é um só membro, mas muitos. [15]Se o pé disser: Porque não sou mão, não sou do corpo; não será por isso do corpo? [16]E, se a orelha disser: Porque não sou olho, não sou do corpo; não será por isso do corpo? [17]Se todo o corpo fosse olho, onde estaria o ouvido? Se todo fosse ouvido, onde estaria o olfacto? [18]Mas, agora, Deus colocou os membros no corpo, cada um deles como quis. [19]E, se todos fossem um só membro, onde estaria o corpo?

[20]Agora, pois, há muitos membros, mas um corpo. [21]E o olho não pode dizer à mão: Não tenho necessidade de ti; nem ainda a cabeça, aos pés: Não tenho necessidade de vós. [22]Antes, os membros do corpo que parecem ser os

mais fracos são necessários. ²³E os que reputamos serem menos honrosos no corpo, a esses honramos muito mais; e aos que em nós são menos decorosos damos muito mais honra. ²⁴Porque os que em nós são mais honestos não têm necessidade disso, mas Deus assim formou o corpo, dando muito mais honra ao que tinha falta dela, ²⁵para que não haja divisão no corpo, mas, antes, tenham os membros igual cuidado uns dos outros. ²⁶De maneira que, se um membro padece, todos os membros padecem com ele; e, se um membro é honrado, todos os membros se regozijam com ele. ²⁷Ora, vós sois o corpo de Cristo e seus membros em particular.

1 Pedro 3:8-9, 13-17

E, finalmente, sede todos de um mesmo sentimento, compassivos, amando os irmãos, entranhavelmente misericordiosos e afáveis, ⁹não tornando mal por mal ou injúria por injúria; antes, pelo contrário, bendizendo, sabendo que para isto fostes chamados, para que, por herança, alcanceis a bênção.

E qual é aquele que vos fará mal, se fordes zelosos do bem? ¹⁴Mas também, se padecerdes por amor da justiça, sois bem-aventurados. E não temais com medo deles, nem vos turbeis; ¹⁵antes, santificai a Cristo, como Senhor, em vosso coração; e estai sempre preparados para responder com mansidão e temor a qualquer que vos pedir a razão da esperança que há em vós, ¹⁶tendo uma boa consciência, para que, naquilo em que falam mal de vós, como de malfeitores, fiquem confundidos os que blasfemam do vosso bom procedimento em Cristo, ¹⁷porque melhor é que padeçais fazendo o bem (se a vontade de Deus assim o quer) do que fazendo o mal.

Romanos 12:3-8

Porque, pela graça que me é dada, digo a cada um de entre vós, que não saiba mais do que convém saber, mas que saiba com temperança, conforme a medida da fé que Deus repartiu a cada um. ⁴Porque assim como, num corpo, temos muitos membros, e nem todos os membros têm a mesma operação, ⁵Assim nós, que somos muitos, somos um só corpo em Cristo, mas, individualmente, somos membros uns dos outros. ⁶De modo que, tendo diferentes dons, segundo a graça que nos é dada, se é profecia, seja ela segundo a medida da fé; ⁷Se é ministério, seja em ministrar; se é ensinar, haja dedicação ao ensino; ⁸Ou, o que exorta, use esse dom em exortar; o que reparte, faça-o com liberalidade; o que preside, com cuidado; o que exercita misericórdia, com alegria.

Efésios 4:1-6

Rogo-vos, pois, eu, o preso do Senhor, que andeis como é digno da vocação com que fostes chamados, ²Com toda a humildade e mansidão, com longa-nimidade, suportando-vos uns aos outros, em amor, ³Procurando guardar a unidade do Espírito pelo vínculo da paz. ⁴Háum só corpo e um só Espírito, como também fostes chamados em uma só esperança da vossa vocação; ⁵Um só Senhor, uma só fé, um só baptismo; ⁶Um só Deus e Pai de todos, o qual é sobre todos, e por todos, e em todos.

2. Falamos "a Verdade em Amor" porque: "Satanás afirma-se nas nossas vidas quando não o fazemos..." (Efésios 4:26-27).

Por isso, não se atrase. ("Não deixe que o sol se ponha sobre a sua ira.") Deve responder de uma maneira cristã. ("Quando ficarem irados, não pequem.") O tema do conflito é real dentro da comunidade cristã e deve ser abordado.

Em gestão de conflito, a chave é a compreensão, não o acordo!

O objectivo não é a resolução de conflito, mas a gestão de conflito de uma maneira cristã. O conflito existe nos relacionamentos na igreja local, numa universidade cristã e num lar cristão. Precisamos falar sobre ele. Usamos, demasiado frequentemente, tácticas de afastamento em situações de conflito.

Tácticas de afastamento em gestão de conflito é negar o assunto ao não falar da situação ou falar nas costas da pessoa em questão em vez de lidar com as circunstâncias. Esta abordagem ou táctica de afastamento coloca continuamente de lado o assunto "real" até "amanhã" ou até ao próximo encontro, crendo que eventualmente ele se irá embora. Frequentemente, fazemos a suposição não bíblica de que os cristãos "pacificadores" devem dar-se bem e não ter conflitos sérios. Todos sabemos que isto não é verdade, mas mesmo assim evitamos o assunto.

Negamos os nossos sentimentos reais; abrigamos o ressentimento e permitimos que a amargura se intensifique. Temos falta do conhecimento de como lidar criativamente com situações de conflito. Temos receio de partilhar os nossos sentimentos honestos pelo medo de rejeição, desaprovação, frustração ou dor. Queremos proteger a nossa *imagem* ao sermos bons, simpáticos, compreensivos e amorosos.

O conflito é o que se desenvolve entre indivíduos quando eles discordam. David Augsburger referiu: "Quando o teu empuxo como pessoa vai contra o meu, negar o meu próprio empuxo é não ser verdadeiro ao empurrão e puxão de Deus dentro de mim. Eu ignorar e violar o teu empuxo como pessoa é desrespeitar o facto de te estares a tornar um Filho de Deus".[16]

Augsburger continuou: "O conflito é natural e neutro. O conflito não é bom nem mau, correcto ou errado. O conflito simplesmente é. E como vemos, como abordamos e como trabalhamos através das nossas diferenças determina em grande parte todo o padrão da nossa vida".[17] A questão não é *se* o conflito *irá* surgir. A questão é *como* vamos lidar com ele.

Virginia Satir acreditava que "a comunicação é o maior factor que afecta a saúde pessoal de alguém e o seu relacionamento com os outros". Ela concluiu através da sua pesquisa e estudos que aproximadamente 96% das famílias com problemas comunicam dentro de casa de uma de quatro formas "inapropriadas"[18]:

1. Aplacar (ceder)

   Ela diz: "Eu disse-te para não contares nada aos outros". Ele diz: "Tens razão, eu estou mal. Tu és a líder".

2. Culpa

   "Os outros trabalhadores tiraram-te do teu escritório para que não estivesses lá quando precisei de ti."

3. Retirar-se

   Ele diz: "Sobre o que é que vocês falam quando se juntam para o intervalo da tarde?" Ela vai-se embora sem dizer nada. Ela diz:

"Porque é que não estavas disponível pelo telemóvel quando precisávamos de ti?" Ele vai-se embora sem uma resposta.

4. Distracção

Ela diz: "Precisamos de falar sobre as nossas finanças, estamos fora de controlo". Ele diz: "Estiveste novamente com aquele grupo, não foi?"[19]

Apesar de Satir ter abordado padrões inapropriados de comunicação em família *disfuncionais*,[20] poderíamos também aplicar as suas descobertas a *"famílias" da igreja com problemas*, que se relacionam dentro da comunidade de fé de similares *formas disfuncionais e ineficazes*. Os paralelos são dolorosamente óbvios.

Em comunidades de fé, incluindo unidades familiares, congregações locais, colégios, universidades e organizações ministeriais, a comunicação "inapropriada" por vezes mostra a sua "cara feia". Nesses momentos, nós, como líderes decisivos que são cristãos fiéis, afirmamos que a comunicação capacitada pela graça com Deus e com os outros numa comunidade de fé é talvez o maior factor que afecta a saúde pessoal de alguém, o seu relacionamento com os outros e a busca pela semelhança a Cristo.

O resultado de usar as quatro formas inapropriadas é que o problema permanece, a tensão aumenta e a relação torna-se irritadiça.

Há uma quinta opção. Augsburger chama-a de "cuidado frontal", ou "cuidar o suficiente para confrontar".[21] A descrição de Satir é "Nivelar com integridade".[22] Para o apóstolo Paulo, é "falar a verdade em amor" (Efésios 4:15).

O "cuidado frontal", ou "nivelar" leva ao princípio bíblico de "falar a verdade em amor". Esta opinião traz cura, capacita o crescimento e produz mudança. São dois braços de um relacionamento genuíno – confrontação com a verdade e afirmação de amor.

Então, como é que posso começar a gerir o conflito de uma forma "cuidadosa e de confrontação"?

Primeiro, eliminar a mentalidade ganhar/perder (eu estou certo, tu estás errado). Há três métodos da mentalidade ganhar/perder: Eu ganho, tu perdes; tu ganhas, eu perco; ninguém ganha.

Estender as mãos a alguém é baseado nas necessidades dos dois lados e nas nossas próprias necessidades. Com a mão esquerda estendida – eu preocupo-me; quero respeitar-te; quero o teu respeito; e com a mão direita estendida – quero que saibas como me sinto; quero contar-te onde estou; tenho este objectivo para o nosso relacionamento. Esta abordagem de "cuidado e confronto" acaba com o jogo das culpas e chega a perguntas que curam – numa linguagem simples, clara e directa.

Precisa de perguntar a si mesmo: Onde é que começamos? Qual a coisa amorosa, responsável, verdadeiramente respeitosa a fazer? Para onde vamos a partir daí?

Segundo, pratica a "escuta activa". Esta prática envolve escutar com um ouvido interno os sentimentos, dores, raivas e exigências da outra pessoa. Um ouvinte activo, ouve verdadeiramente o que a outra pessoa diz, como é dito e que sentimentos são transmitidos.

Terceiro, use "mensagens eu" em vez de "mensagens tu". As "mensagens eu" reflectem os meus sentimentos sem colocar culpa. As "mensagens tu" são frequentemente ataques, críticas, repreensões sobre a outra pessoa, rótulos e formas de fixar a culpa. Há uma grande diferença entre uma confissão honesta ("mensagem eu") e uma rejeição distorcida ("mensagem Tu") (ver Tabela 2.1).

Tabela 2.1. Mensagens "Eu" e "Tu"

"Mensagem eu"	"Mensagem tu"
Estou chateado.	Tu chateias-me.
Sinto-me rejeitado.	Estás a julgar-me e a rejeitar-me.
Não gosto da barreira entre nós.	Estás a construir uma barreira entre nós.
Não gosto que me culpem ou me atirem as culpas.	Estás a culpar-me de tudo.
Quero liberdade para dizer sim ou não.	Estás a tentar arruinar a minha vida.
Quero novamente um relacionamento respeitoso contigo.	Tens de me respeitar ou caso contrário não podes ser meu amigo.

Quarto, elimine os "porquês". Perguntar o "porquê" é uma forma efectiva de manipular os outros - similar às "mensagens tu": "Porque é que deixas sempre as tuas coisas caídas por toda a casa? Porque é que as pegas? Porque é que mostras pouco interesse nas coisas? Porque é que não obtenho um pouco de cooperação?" Usamos os "porquês" para enviar mensagens escondidas de zanga que não somos capazes de dizer honestamente. Os "porquês" são como um *toca e foge*.

Quinto, dê sinais claros de "sim" ou "não". Os sinais de "sim" vêm facilmente; no entanto, os de "não" vêm dificilmente - especialmente cara a casa. Frequentemente hesitamos em referir claramente os nossos sentimentos - por medo de rejeição ou desaprovação da parte dos outros. Jesus disse: "Seja, porém, o teu sim, sim! E o teu não, não!"

Tendemos a responder a acções erradas feitas a nós de uma forma igualmente *errada*.

Sexto, inicie uma conversa se tiver uma queixa. Aceite a zanga como uma emoção normal, natural. As declarações claras de zanga são diferentes dos sentimentos e das exigências. As claras afirmações são uma emoção positiva, uma emoção auto-afirmante que responde à essência da rejeição e da devastação. Há dois tipos de zanga a considerar - a pessoal e a virtuosa, que é a zanga focada na acção e não na pessoa. A zanga virtuosa pode cortar barreiras emocionais ou barreiras de comunicação e estabelecer contactos.

"FALAR A VERDADE EM AMOR", "CUIDAR O SUFICIENTE PARA CONFRONTAR" E "DIZER A VERDADE" COM INTEGRIDADE SÃO RESPOSTAS, À SEMELHANÇA DE CRISTO, AO CONFLITO.

Essas respostas descrevem um estilo de vida para os cristãos que se preocupam o suficiente para confrontar quando os conflitos surgem. Leia novamente Efésios 4:15-32. Quando lidamos abertamente com as diferenças entre as pessoas, o conflito pode ser uma experiência positiva porque pode levar ao crescimento pessoal. No entanto, quando as diferenças são escondidas e os indivíduos são impedidos de se expressar, o crescimento pessoal não ocorrerá.

O conflito pessoal é uma parte do crescimento e de experimentar novas capacidades. Aprenda o valor de expressar diferenças aberta e gentilmente. Oiça a resposta da outra pessoa. Procure compreender.

As questões positivas (ver Figura 2.2) a fazer no meio de situações de conflito são: O que posso *eu* aprender? Como é que *eu* posso mudar? Essas são questões que produzem crescimento. Por outro lado, questões de inibição são: Porquê eu? E se...? Isto é o pensamento de *poderia ser*, *devia ser*, *teria sido*.

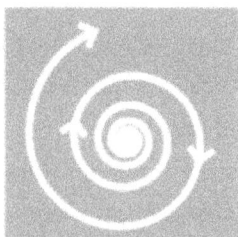

Questões que Produzem o Crescimento:
O que posso aprender? Como posso mudar?

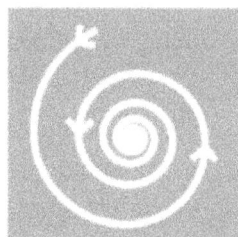

Questões que Inibem o Crescimento:
Porquê eu? E se...?

Figura 2.2. Duas formas de pensar e reagir ao conflito. © E.L. Fairbanks

3. Falamos "a Verdade em Amor" por causa "Do Poder das Palavras para Curar e Afirmar" (Efésios 4:29).

"...só a que for boa para promover a edificação, para que dê graça aos que a ouvem" (Efésios 4:29). Paulo encoraja os membros do Corpo a usarem o seu discurso para ajudar os outros, para edificar de acordo com a necessidade.

O nosso discurso deve ser usado para o benefício daqueles que estão ligados a nós no corpo de Cristo. *O diálogo é um sacramento.* Devemos conversar uns com os outros dentro da comunhão de tal forma que as nossas palavras se tornem um veículo e demonstração da própria graça de Deus. Em todas as conversas, a escolha da linguagem e assunto deve ser tal que a afirmação e edificação são para o propósito de "ministrar graça" ao ouvinte. Para Paulo, não há lugar para conversas vazias ou para comentários que não têm outro propósito se não o degradar a outra pessoa.

Colossenses 4:6 diz: *"O seu falar seja sempre agradável e temperado com sal, para que saibam como responder a cada um"*. Na antropologia bíblica, a boca representa todo o corpo e revela a totalidade do homem. Em Mateus 12:34, Jesus disse: *"Pois a boca fala do que está cheio o coração."*

São Paulo enfatizou que o discurso da pessoa revela a qualidade do seu relacionamento com Cristo. Paulo não está a falar acerca da *técnica*, mas de uma *atitude de coração* para com a outra pessoa. Eu *preciso* de ti: tu tens dons e forças que eu não tenho. Eu *amo-te*: És meu/minha irmão/irmã em Cristo. Eu *aceito-te*: Cristo está a mudar-te, da mesma forma como eu estou a mudar. Eu *confio* em ti: tu desejas servir o mesmo Cristo que eu sirvo. Eu *respeito-te*: és diferente; e ainda assim, somos um em Cristo. Eu *sirvo-te*: quero-te ministrar graça.

Nouwen referiu: "Quando a porta do banho turco é continuamente deixada aberta, o calor de dentro escapa através dela".[23] Quão frequentemente abrimos as nossas bocas e falamos acerca de eventos do mundo, sobre pessoas ou circunstâncias e quão pouco fechamos as nossas bocas para ouvir Deus e os outros? Salmos 39:1 lembra-nos: *"Porei mordaça em minha boca enquanto os ímpios estiverem na minha presença."*

É uma questão de foco das nossas palavras - *"...só a que for boa para promover a edificação, para que dê graça aos que a ouvem"* (Efésios 4:29b). Deve haver um foco além de nós mesmos, além dos comentários egoístas. O nosso foco deve ser a edificação dos outros. O psicólogo clínico, Sven Wahlroos referiu: "Torna a tua comunicação o mais realisticamente positiva quanto possível".[24] Como orientação, ele disse: "A percentagem do louvor deve ser mantida entre os 90-80% e a crítica entre os 10-20%".[25]

Normalmente, o oposto é verdade nas nossas interacções com os outros. Por vezes, de uma forma apropriada. No entanto, 80-90% do louvor é necessário (isto é, obrigada, eu aprecio-te, foste útil, tu ajudaste-me, estou grato por ti). Não pode ser superficial, caso contrário será ressentido.

As palavras que usamos numa liderança decisiva levantam algumas questões muito pessoais e práticas a considerar quando medimos as nossas palavras.

Considere essas questões relativamente ao uso das nossas palavras dentro da comunidade de fé.

1. O que eu digo edifica ou destrói a outra pessoa?
2. Diria o que digo, directamente à pessoa envolvida?

3. Conheço todos os factos ou estou a responder com base em meias verdades ou factos parciais?

4. A minha resposta é desencadeada mais pela emoção do que pela razão?

5. O assunto realmente merece a acção e a energia que lhe estou a dar?

6. Pode a situação ser vista de uma outra perspectiva?

7. Tenho tentado aceitar os sentimentos da outra pessoa e compreender porque é que a pessoa se sente como sente?

SE NÃO FAZ A DIFERENÇA, NÃO DEIXE QUE FAÇA A DIFERENÇA.

Efésios 4:28 diz-nos para não roubarmos mais. A maior implicação desta passagem proíbe o pecado da calúnia, do "conto de fadas", do mexerico, da lisonja e de "assassinar o carácter" como em Êxodo 20:16: *Não darás falso testemunho contra o teu próximo.*" Destruir o carácter de alguém através de mexericos não lucra em nada. Como Shakespeare coloca: "Aquele que rouba a minha mala, rouba lixo; ... Mas aquele que furta o meu bom nome, rouba-me daquilo que não me enriquece e torna-me, de facto, pobre" – *Othello,* Acto III, Cena 3, Linha 183.

Nós temos o poder de abençoar. Todos os que têm influência, têm o poder de abençoar e reter bênçãos, fazer com que os outros cresçam ou murchem, ajudar ou esconder, curar ou magoar. A pessoa que pode falar a *palavra* sincera de perdão e aceitação é um *curador* de alta categoria.

PAULO ESTÁ PREOCUPADO COM A FUNÇÃO DAS PALAVRAS TROCADAS ENTRE INDIVÍDUOS DENTRO DO CORPO. NO MEIO DO DIÁLOGO DIÁRIO, A GRAÇA E O PODER DE DEUS DEVEM FLUIR ATRAVÉS DAS PALAVRAS QUE USAMOS.

4. Falamos "a Verdade em Amor" porque: "Temos Sido Perdoados em Cristo" (Efésios 4:31-32).

O mandamento é claro, devemos perdoar assim como Cristo nos perdoou. Efésios 4:32 implica que, através do amor, as barreiras para com a comunhão podem ser colocadas de lado.

Uma atitude de "perdão realizado" descreve o clima numa comunidade de fé. Mas e se não for realizado? Precisamos tomar a iniciativa de perdoar *independente* da resposta da outra pessoa. O perdão realizado cria um crescente desejo para edificar o outro em amor. Um clima no qual as pessoas estão tão próximas umas às outras e tão confiantes da aceitação que partilhar pesos, perdoar e até ajudar o outro não é uma ameaça para o relacionamento. Não deve haver espaço para a contenda, o ressentimento ou a inveja (Efésios 4:31). O perdão de Deus capacita o cristão a encontrar o caminho de volta para aquele de quem se distanciou. Deve perdoar os *outros*, pois Deus, em Cristo, *o* perdoou.

A questão não é tanto a resposta dos outros para com os nossos esforços de sermos gentis, compassivos e perdoadores. Os nossos esforços podem não ser sempre recebidos no espírito com que foram dados. Reter o perdão cria amargura; a zanga aumenta; o ressentimento manifesta-se; e Satanás ri-se.

A nossa chamada é sermos como Cristo até nas situações desconfortáveis em que algumas vezes nos encontramos. Deus irá providenciar bênção e alegria *em* nós, independentemente da aparente rejeição dos outros. Recorde-se que, como crentes, perdoamos - não para mudar as pessoas - mas porque Deus, em Cristo, nos perdoou. E nós éramos tão pouco merecedores. Por vezes, temos sido magoados tão profundamente que não nos conseguimos levantar com integridade, em perdão para com os outros. "Pai... perdoa-os..." As palavras de Jesus foram palavras de uma **oração**!

Paulo recorda-nos que a *graça* de Deus é suficiente para nós nas nossas fraquezas e que o Seu poder é feito perfeito nas nossas fraquezas (2 Coríntios 12:9).

Recordo-me de receber numerosos *e-mails* da comunidade do campus onde servi como presidente durante 18 anos. Foram feitas acusações sobre mim e sobre outros funcionários da universidade. As palavras magoam. Eu tinha uma escolha. Poderia ficar a remoer sobre os ferventes *e-mails* ou poderia procurar genuinamente o perdão, pedir a Deus para me ensinar através de situações dolorosas.

Deus entristece-Se (Efésios 4:30a). Efésios 4:25-32 descreve um estilo de vida pelo qual os crentes devem viver juntos como o povo de Deus e para uma liderança decisiva e fiel. O que acontece quando o povo de Deus não o faz? Deus *entristece-Se* (Efésios 4:30).

A referência em Efésios 4:30 relativamente a "Deus Se entristecer" refere-se ao versículo 29 ou ao 31? A resposta é, a ambos. O Espírito de Deus está grandemente preocupado acerca do discurso do Seu povo. As palavras que falamos quando comunicamos com os outros são profundamente *teológicas* na sua natureza. Qualquer coisa que tende a destruir a comunhão entristece o Espírito que busca edificá-la. O pecado de ofender um irmão por uma palavra ou acto falso entristece especialmente Deus. O Espírito ou Se regozija ou Se entristece com as palavras expressas na comunhão.

Efésios 4 e 5 fala directamente sobre este assunto. Leia novamente Efésios 4:1-3, 11, 15-16, 23 e depois 5:1-2, 18-21. Devemos ser "*imitadores de Deus... e viver uma vida de amor*" (5:1-2) ao liderar os outros e ao viver juntos como o povo de Deus. Devemos moldar um estilo de vida semelhante a Cristo (5:1-2) e liderar de forma decisiva com uma visão de servir dentro deste contexto *teológico* e *bíblico*. Quando não vivemos desta forma, entristecemos o Espírito Santo. **Os relacionamentos dentro de uma comunidade de fé são um assunto intensamente teológico.** O poder deste estilo de vida só pode ser mantido, desenvolvido e fortalecido à medida que somos continuamente preenchidos pelo Espírito (5:18). O Espírito de Cristo dentro de nós capacita-nos para viver e liderar como líderes servos!

É este estilo de vida de comunicação possível simplesmente por esforços *humanos*? Obviamente que não. No Capítulo 5, versículo 18, Paulo desafia o povo de Deus com um imperativo: "*Sejam cheios com o Espírito de Deus... continuamente, diariamente...*". O Espírito energiza o crente e providencia o *poder* para falar palavras semelhantes a Cristo para aqueles que vivem sob a soberania do Espírito. À medida que vivemos, lideramos e nos relacionamos uns com os outros no poder do Espírito, com uma paixão pela mente de Cristo, a comunidade de fé é gradualmente transformada à imagem de Cristo (2 Coríntios 3:18).

Nutrir Intencionalmente a Vida Semelhante a Cristo

Como é que nutrimos, *intencionalmente*, a vida espiritual dentro de nós e de outros para a efectividade da missão e do ministério no meio da nossa família, trabalho e todos os nossos outros compromissos?

Em Êxodo, nos capítulos 3 e 4, Deus instrui Moisés a liderar o Seu povo para fora do Egipto. Quando Moisés hesita e pede a Deus para enviar outra pessoa, Deus destaca o conceito da letra A na Figura 2.3. Não apenas Deus reassegurou Moisés, dizendo que Ele estaria com Moisés, mas também lhe disse; *"Sou Eu - o grande 'Eu Sou' - que chamo, capacito, mantenho e te sustento"* (Êxodo 3:14). Primeiro e acima de tudo, Deus reassegurou Moisés do conceito expresso no ponto A; e reassegurou a Moisés que, armado com A, teria o poder e orientação de Deus para B, para viver, falar e liderar com a "mente de Cristo".

Usando a obra do falecido Henri Nouwen, iremos olhar para A, depois relacionar A com as suas implicações com B. A obra de Nouwen destacou o aspecto interactivo de A, mostrando que temos uma função em activar o poder que Deus nos oferece. Como líderes, lidar com A e B, torna-se um relacionamento colaborativo e cheio de confiança.

Figura 2.3. O poder de uma liderança decisiva. © E.L. Fairbanks

Apesar do poder envolvido em liderar o povo de Deus poder parecer residir maioritariamente na área B, de facto, o poder vem de Cristo, como mostrado em A; e este poder de Cristo é algo que nós, como líderes, estamos continuamente a receber, reflectir e buscar, daí o diagrama circular. O seu estilo de liderança é um reflexo de como responde ao poder (B) que Cristo lhe oferece. A maioria deste capítulo explora a área B; no entanto, é essencial tomar um tempo para explorar a fonte da força do líder para falar com, e não sobre, alguém.

Ao discutir o assunto da "Liderança Cristã", Henri Nouwen reconhece claramente que tanto **A** como **B**, na Figura 2.3, devem ser considerados quando se observa o discurso e conduta dos líderes cristãos. Na discussão do livro de Nouwen e do estudo bíblico de Filipenses 2, iremos focar-nos primariamente no A da Figura 2.3.

O Perfil do Líder Cristão do Século XXI captura um discurso de Henri Nouwen em 1989 a um grupo de líderes católicos romanos em Washington, D.C. Nouwen tinha-se mudado alguns anos antes para Daybreak, uma das comunidades do L'Arche no mundo para pessoas com deficiências mentais. A mudança para o Daybreak em Toronto, Canadá, seguiu-se à sua brilhante carreira de professor em Harvard, Yale e Notre Dame.

O pequeno, mas poderoso, livro de 81 páginas, focou-se numa visão da liderança cristã nutrida numa vida de oração, confissão e perdão na comunidade. Nouwen habilmente abordou três tentações contemporâneas dos líderes cristãos - ser **relevante**, ser **espectacular** e ser **poderoso** - e é guiado na sua visão por duas histórias dos evangelhos: a história da tentação de Jesus no deserto (Mateus 4:1-11) e a história da chamada de Pedro para ser pastor (João 21:15-19).

A liderança cristã, de acordo com Nouwen (1989), envolvia a auto-negação e vai da vulnerabilidade ao poder de Deus. Como é frequentemente o caso com Nouwen, ele identifica três "movimentos" no livro:

- Da relevância à oração
- Da popularidade ao ministério
- De liderar para ser liderado (páginas 13-65)

Nouwen recorda-nos que a primeira tentação de Jesus era ser relevante: transformar pedras em pão. A esta tentação, as palavras de Nouwen são claras:

> O líder do futuro será aquele que é capaz de clamar a sua irrelevância no mundo contemporâneo como uma vocação divina que lhe

permite entrar numa profunda solidariedade com a angústia subjacente a todo o brilho do sucesso e trazer para ali a luz de Jesus.[26]

A "irrelevância" está enraizada no relacionamento permanente, íntimo com a Palavra encarnada, Jesus, e é aí que os líderes encontram a fonte das suas palavras, conselhos e orientação. A "irrelevância" de Nouwen é o assunto de Ana Figura 2.3.

Recorda-se da segunda tentação de Jesus? Foi a tentação de fazer algo espectacular, algo que poderia trazer aplauso das pessoas, algo que poderia destacar o **B** na Figura 2.3. "Manda-te do parapeito do templo e deixa que os anjos te apanhem e te carreguem nos seus braços", disse o inimigo a Jesus. A disciplina necessária para contrariar esta tentação de ser popular e fazer algo espectacular é a disciplina da confissão e do perdão. Nouwen recorda-nos que na nossa força não conseguimos curar, reconciliar ou dar vida aos outros. Somos pessoas "feridas" e precisamos de tanto cuidado como aqueles que servimos. "O mistério do ministério", proclamou Nouwen, "é que nós fomos escolhidos para fazermos do nosso limitado e muito condicional amor, o portão para o amor ilimitado e incondicional de Deus"[27].

A disciplina exigida para superar a tentação do "heroísmo individual" (ou de olhar para **A** em vez do **B**) é a confissão e o perdão - indivíduos dispostos a confessar os seus quebrantamentos e a pedir perdão a quem ministram. Fazer ligações humildes (confissão e perdão) com quem lideramos, ajuda o líder cristão a ultrapassar a tentação do "heroísmo individual". Os líderes cristãos "são chamados a viver a encarnação, que é, viver nos seus próprios corpos, mas também no corpo corporativo da comunidade e descobrir ali a presença do Espírito Santo"[28]. Nas comunidades de fé e apoio, devemos "prestar-lhes contas, precisamos do seu afecto e apoio e somos chamados a ministrar com todo o seu ser, incluindo os seus próprios seres feridos".[29]

A terceira tentação de Jesus foi a tentação do poder. "Eu vou dar-te todos os reinos deste mundo no seu esplendor", disse Satanás a Jesus (novamente, um foco no **B** na Figura 2.3). É esta uma tentação irresistível? Nouwenrecorda-nos que o poder providencia um substituto para "a difícil tarefa do amor, controlo sobre a cruz, ser um líder acima de ser liderado".[30] O poder, controlo e ser um líder são frequentemente substitutos, acreditava Nouwen, dos relacionamentos saudáveis e íntimos com a comunidade de fé.

João 21:18, especialmente as palavras: *"Outro te cingirá, e te levará para onde tu não queiras"*, é uma passagem importante para os líderes cristãos, de acordo com Nouwen (1989), que desejavam deixar para trás o poder pessoal e seguir a forma humilde de Jesus. A capacidade e disposição de ser *liderado onde preferiria não ir* é crucial.

Nouwen desafiou os líderes cristãos a pensar teologicamente acerca da prática da liderança - pensar e liderar com a mente de Cristo. Os líderes cristãos pensam, falam e agem no nome de Jesus.

Os líderes cristãos do futuro devem ser teólogos, pessoas que conhecem o coração de Deus e que são treinadas - através da oração, estudo e análise cuidada - para manifestar o evento divino da obra salvadora de Deus no meio dos muitos eventos aparentemente aleatórios do seu tempo.[31]

Ao referir-se à liderança com a mente de Cristo, Nouwen apresentou uma liderança *teológica*- uma formação espiritual profunda envolvendo toda a pessoa: corpo, mente e espírito. Nouwen pede-nos que mudemos da liderança construída no poder pessoal para uma liderança em que criticamente discernimos onde Deus está a levar-nos e ao povo que lideramos.[32] Isto exige que sejamos focados em **A**. Estamos disponíveis para ser liderados "onde preferíamos não ir" (João 21:18).

Brene Brown[33] fala poderosamente acerca da coragem necessária para ser vulnerável e de como esta vulnerabilidade transforma a forma como vivemos e lideramos. Em vez de nos sentarmos nas laterais, mantendo-nos quietos e nutrindo o ressentimento, ela encoraja-nos a "mostrar-nos", a sermos tudo e a deixar-nos ser vistos e ouvidos. Ela refere-se a isto como vulnerabilidade e, da sua perspectiva, é "grandemente ousado". É "falar a verdade em amor" sem saber como é que a pessoa irá receber as suas palavras ou como lhe irá responder.

Durante uma pesquisa sabática de 1999 na Yale University Divinity School, na qual tive acesso às obras completas de Henri Nouwen, inclusive os seus materiais de aula, artigos de jornal e livros, tornou-se cada vez mais aparente que focar-se no Deus trino era uma marca necessária para a mudança pessoal bem-sucedida e para o impacto externo. Precisei revigorar a minha busca pela semelhança a Cristo.

Ao longo da leitura *deste* livro, encorajo-o a manter um diário para registar discernimentos ganhos do seu estudo de cada "indicador", como esboçado na Introdução do livro. Tome particular atenção às passagens bíblicas que se tornaram "pedras angulares" à medida que procura liderar de forma decisiva e fiel o povo de Deus. Comece com algumas passagens que são cruciais para si na sua chamada para liderar os outros numa comunidade de fé, passagens como:

> *"Mas, buscai primeiro o reino de Deus, e a sua justiça,*
> *e todas estas coisas vos serão acrescentadas."*
>
> Mateus 6:33

> *"As quais também falamos, não com palavras que a sabedoria humana*
> *ensina, mas com as que o Espírito Santo ensina, comparando as coisas*
> *espirituais com as espirituais."*
>
> 1 Coríntios 2:13

> *"Mas nós temos a mente de Cristo."*
>
> 1 Coríntios 2:16b

> *"Temos, porém, esse tesouro em vasos de barro, para que a excelência do*
> *poder seja de Deus e não de nós."*
>
> 2 Coríntios 4:7

> *"Assim que daqui por diante a ninguém conhecemos segundo a carne."*
>
> 2 Coríntios 5:16a

> *"Antes, seguindo a verdade em amor,*
> *cresçamos em tudo naquele que é a cabeça, Cristo."*
>
> Efésios 4:15

"Nenhuma palavra torpe saia da boca de vocês, mas apenas a que for útil para edificar os outros, conforme a necessidade, para que conceda graça aos que a ouvem."

Efésios 4:29

Temos explorado a relação entre a "PAIXÃO por" e o "IMPERATIVO numa" liderança decisiva dentro das comunidades que servimos. O poder dos líderes servos está enraizado na busca para nos relacionarmos com outros com "a mente de Cristo" (2 Coríntios 2:16b).

A busca pela semelhança a Cristo capacita-nos a "falar a verdade em amor" mais clara e consistentemente com a "mente de Cristo" dentro de nós, à medida que comunicamos uns com os outros dentro das comunidades de fé. Agora, voltamos a nossa atenção para o objectivo do ministério para o qual todos somos chamados e para os que se juntam a nós ao ministrar como o corpo de Cristo, o povo de Deus e a comunhão do Espírito.

FAZER CONTACTO
Virginia Satir[34]
Eu creio que o maior presente
que posso conceber ter
de alguém é
ser vista por eles,
escutada por eles,
compreendida e
tocada por eles.
O maior presente
que posso dar é
ver, escutar, compreender
e tocar a outra pessoa.
Quando isto é feito sinto que foi feito contacto.

INDICADOR TRÊS

O OBJECTIVO DE UMA LIDERANÇA

DECISIVA ESTÁ FOCADO EM

PREPARAR EFECTIVAMENTE O CORPO

DE CRISTO - O POVO DE DEUS - PARA

O MINISTÉRIO E MISSÃO.

O OBJECTIVO DE UMA LIDERANÇA DECISIVA ESTÁ FOCADO EM PREPARAR EFECTIVAMENTE O CORPO DE CRISTO - O POVO DE DEUS - PARA O MINISTÉRIO E MISSÃO.

O ministério cristão é um ministério partilhado com cada crente servindo e apoiando uns aos outros, usando os dons dados pelo Espírito Santo para estimular o crescimento pessoal e corporativo e a reconciliação tanto na igreja como no mundo.

Edward LeBron Fairbanks

O propósito da liderança serva é *moldar* discípulos semelhantes a Cristo e líderes na congregação local, colégio ou universidade, ou organização ministerial. Esta visão é a nossa paixão pelo povo de Deus que servimos, como discutido no Indicador Um. O *como* lideramos, ensinamos e pregamos para ajudar os outros a compreender a sua chamada por Cristo é tanto o desafio como o foco deste capítulo.

Modelar, ou marcar o exemplo, estava na própria essência do ensino do discipulado do primeiro século: "E o que de mim, entre muitas testemunhas, ouviste, confia-o a homens fiéis, que sejam idóneos para também ensinarem os outros" (2 Timóteo 2:2).

Logo depois da sua publicação em 1977, li o livro *Servant Leadership*, por Robert Greenleaf, antigo Director de Gestão de Pesquisa pela AT&T. Tinha recentemente começado a minha primeira responsabilidade administrativa e de ensino no ensino superior e o livro de Greenleaf teve um tremendo impacto em mim.

Greenleaf referiu:

> ... cuidar das pessoas - os mais e menos capazes a servirem-se uns aos outros - é a rocha em cima da qual uma boa sociedade é construída. Onde, até recentemente, o cuidado era largamente de pessoa a pessoa, agora, a sua maioria é mediada através de instituições – por vezes grandes, complexas, poderosas, impessoais, nem sempre competentes, por vezes corruptas. Se se deseja que uma melhor sociedade seja construída - uma sociedade mais justa e amorosa, que dá maiores oportunidades criativas para o seu povo - o melhor curso é *elevar tanto a capacidade para servir* como o próprio desempenho *como servo* das maiores instituições existentes através das forças generativas que operam dentro delas.[35]

Se os crentes em Jesus Cristo estão comprometidos com um estilo de ministério e missão, então as organizações sem fins lucrativos e as ministeriais, colégios e universitários e as congregações locais devem, para usar as palavras de Greenleaf, "*elevar tanto a capacidade para servir* como o próprio desempenho *como servo*".[36] Esta melhoria irá apenas acontecer quando os líderes organizacionais, pastores, membros da junta, professores, líderes de sector, voluntários e muitas mais pessoas na comunidade de fé *modelarem um estilo de vida servo.*

Como é que nós, como membros de uma igreja local ou organização ministerial, exemplificamos uma transformação de estilo de vida tanto para aqueles que lideramos como para os que nos lideram? Como é que ensinamos a necessidade de mudança em valores, prioridades, compromissos, qualidades de carácter e uma compreensão de que a transformação é uma busca vitalícia? Como é que comunicamos uns com os outros para que a fé cristã seja apresentada não como uma crença intelectualizada a ser aprendida, mas como uma vida a ser vivida? Como podemos viver juntos numa comunidade de fé para que, usando as palavras de Greenleaf, "cuidar das pessoas - os mais e menos capazes a servirem-se uns aos outros"[37] crescentemente caracterize os membros da comunidade de fé e a igreja local como uma instituição de cuidado?

Efésios 4:11-16 enuncia tal modelo. A passagem esboça o contexto, tarefa, objectivo, dinâmica e o propósito para equipar o povo que lideramos para um estilo de vida de serviço.

O contexto... é «o povo de Deus» (Efésios 4:11-12). O foco chave é a participação.

Visto todos os cristãos serem chamados para servir os outros no nome de Jesus, todos são também chamados para preparar outros neste estilo de vida de serviço. Aprender não está limitado aos estudantes numa sala de aula. Aprender permeia todas as diferentes funções e responsabilidades com as quais nos comprometemos. Todos estamos numa peregrinação espiritual e no processo de nos tornarmos o que Deus o Pai, Criador e Redentor visionou para nós.

A tarefa... é a de "preparar o povo de Deus" (Efésios 4:12). A ideia chave é formação.

A formação cristã, ou preparar o povo de Deus, significa capacitar o indivíduo a crescer à semelhança de Cristo. Isto requer uma familiaridade com a tradição cristã, uma consciência da comunidade, compreensão de assuntos nacionais e mundiais, um desenvolvimento contínuo de fé pessoal, um conhecimento de passagens bíblicas chave, um aumento na competência em aptidões vocacionais, uma amadurecida filosofia de vida, uma perspectiva global e um crescimento em comunidade.

"A formação espiritual é o processo de ser moldado à imagem de Cristo pelo bem dos outros" (Mulholland, 1993, página 15). Precisamos de orientação sobre o desenvolvimento de um estilo de vida de devoção a Cristo, sobre cuidar do mundo, nutrindo as nossas próprias vidas espirituais, relacionando-nos com outros cidadãos do mundo, desenvolvendo qualidades pessoais e inculcando valores pelos quais vivemos e morremos.

O objectivo... são as "obras de serviço" (Efésios 4:12). O pensamento chave é expressão.

As nossas "obras de serviço" ou missão são uma função e expressão do povo de Deus. O nosso objectivo é preparar o povo de Deus para participar nesta missão, proclamar o reino de Deus, nutrir o povo de Deus e servir toda a comunidade humana. Devemos ser capturados por esta visão. No contacto da universidade, isto significa transcender o serviço *para* os estudantes e *pelos* estudantes, para servir *com* os estudantes e *pelos* estudantes. O mesmo pode ser dito sobre as organizações ministeriais, as organizações sem fins lucrativos e aqueles que identificam a comunidade de fé local como sua igreja.

A dinâmica... é "amor dentro do Corpo de Cristo" (Efésios 4:15-16). O conceito chave é interacção.

A interacção é definida como uma intimidade de relacionamento entre os membros dentro do corpo de Cristo. Em qualquer passagem do Novo Testamento onde o corpo de Cristo é discutido, há um contexto relacional no qual este tipo de nutrição mútua toma lugar. Passar informação não produz um servo de Cristo. A confiança precisa tanto de ser explicada como demonstrada num contexto de relacionamento íntimo. O amor e a confiança libertam-nos para conhecer e revelam-nos uns aos outros. Modelar, em vez de doutrinar, é o método de liderança para a mudança de estilo de vida.

O propósito...é transformação para um "estilo de vida de santidade" (Efésios 4:13). O assunto chave é a semelhança a Cristo.

O propósito da liderança cristã é de, pela graça, *participar com Deus na reconciliação e transformação da humanidade,* para que o povo santo possa ser equipado para um ministério, à semelhança a Cristo, de serviço aos outros, à medida que cumprem a sua responsabilidade vocacional. Um estilo de vida santo foca-se na transformação progressiva do cristão para com o carácter, valores, motivos, atitudes e compreensão do próprio Deus.

O Método Primário de Ensino para a Transformação

O método primário de ensino para a transformação, eu creio, é modelar ou "exemplificar". O nosso desafio é de *intencionalmente* nutrir aqueles que lideramos para que possam cumprir a missão e ministério no meio da *sua* família, *seu* trabalho e dos *seus* muitos outros compromissos.

Por outras palavras, como determinamos se fomos bem-sucedidos na nossa tarefa de ensino e liderança para preparar *outros* para o *seu* ministério e missão? Que definição de sucesso é que Jesus usa?

Em termos gerais, começamos a responder às questões quando nos compreendemos como servos - motivando, equipando e capacitando outros a servir no nome de Jesus. Queremos que aqueles pelos quais somos responsáveis vejam em nós um *espírito servo* comprometido em motivar, equipar e em permitir que sirvam outros no nome de Jesus. O *ministério* de equipar outros para servir outros no nome de Jesus (Efésios 4:12b-13) é primordial para o líder.

Equipar aqueles pelos quais somos responsáveis (Efésios 4:12) significa que preparamos outros para se "replicarem" no trabalho para o qual são chamados (ver também 2 Timóteo 2:2). Equipamo-los de tal forma que os *estudantes* serão como os seus professores, pastores ou mentores. A preocupação crucial é que cada crente participe no ministério de reconciliação da forma como Deus o/a dotou, chamou ou "destacou."

Como líder, como é que ensina este estilo de vida? Ensina um estilo de vida servo através do princípio da imitação. Lucas 6:40 desafia-nos: "O discípulo não é superior a seu mestre, mas todo o que for perfeito será como o seu mestre."

Modelar a mensagem sugere que os professores e líderes criam um contexto de aprendizagem que exibe, na prática, o que é dito em palavra. "Exemplificar" implica uma aproximação emocional entre o líder e os liderados dentro do corpo de Cristo. Reflicta nas admoestações de Paulo:

- *"Sede meus imitadores, como também eu de Cristo"* (1 Coríntios 11:1).
- *"Porque vós mesmos sabeis como convém imitar-nos"* (2 Tessalonicenses 3:7).
- *"O que também aprendestes, e recebestes, e ouvistes, e vistes em mim, isso fazei; e o Deus de paz será convosco"* (Filipenses 4:9).

- *"Não porque não tivéssemos autoridade, mas para vos dar em nós mesmos exemplo, para nos imitardes"* (2 Tessalonicenses 3:9).

E ele mesmo deu uns para apóstolos, e outros para profetas, e outros para evangelistas, e outros para pastores e doutores, querendo o aperfeiçoamento dos santos, para a obra do ministério, para edificação do corpo de Cristo; Até que todos cheguemos à unidade da fé, e ao conhecimento do Filho de Deus, a homem perfeito, à medida da estatura completa de Cristo, para que não sejamos mais meninos inconstantes, levados em roda por todo o vento de doutrina, pelo engano dos homens que com astúcia enganam fraudulosamente. Antes, seguindo a verdade em amor, cresçamos em tudo naquele que é a cabeça, Cristo, do qual todo o corpo, bem ajustado, e ligado pelo auxílio de todas as juntas, segundo a justa operação de cada parte, faz o aumento do corpo, para sua edificação em amor (Efésios 4:11-16).

A passagem de Efésios ajuda-nos a responder à nossa preocupação primária: Como podemos ensinar e liderar para que a fé cristã seja experimentada não como uma "crença intelectual" a ser conhecida, mas como uma *vida* a ser vivida e partilhada? Podemos ensinar outros a conhecer, mas como é que os ensinamos a viver um estilo de vida cristão e a liderar de forma cristã? As respostas para essas e outras questões relacionadas vêm quando compreendemos mais claramente a nossa tarefa de sermos "o equipamento dos crentes"; o objectivo do nosso trabalho de ser "serviço ou ministério através dos crentes" e o método de ser "modelo ou uma aproximação emocional entre o líder e o liderado dentro do corpo de Cristo."

Em Primeiro Lugar o que é Mais Importante

Antes de proceder com os assuntos sobre equipar os outros, vamos parar, rever e discutir o "objectivo" supremo de Deus ou o propósito para os Seus filhos. Precisamos de alcançar isso nas nossas próprias vidas e nas vidas do povo que servimos antes de nos focarmos em preparar outros para o ministério e missão.

A visão de Deus para *nós* é que sejamos homens e mulheres de bom e divino carácter. "Que tipo de pessoa deve ser?" Pedro pergunta isto na sua epístola no Novo Testamento. Ele responde imediatamente: "... *as pessoas que vos convém ser, em santo trato e piedade...*" (2 Pedro 3:11-12).

"SE TOMAR CONTA DO MEU CARÁCTER, A MINHA REPUTAÇÃO TOMARÁ CONTA DE SI MESMA."
D.L. MOODY

O carácter é diferente da reputação. A reputação é o que devemos ser; o carácter é o que somos.

O carácter importa. O carácter é o que se é quando ninguém está à volta. O carácter é quem somos em tempos de pressão nas nossas vidas. O carácter flui dos valores essenciais pelos quais construímos as nossas vidas. A sua reputação é feita num momento; o seu carácter é construído durante toda a vida.

O carácter cristão providencia a bússola moral pela qual vivemos as nossas vidas e lideramos uma comunidade de fé em ministério e missão.

O carácter captura o que mais queremos que os nossos filhos venham a herdar de nós e é a fonte e fundamento das nossas acções externas. Consequentemente, as *qualidades* do carácter cristão devem ser intensamente buscadas.

Frequentemente pondero esta questão: as pessoas vêem em nós as qualidades de carácter identificadas em 1 Pedro 1:5-7? O apóstolo menciona as qualidades de fé, bondade, conhecimento (ou discernimento), temperança (autocontrolo), perseverança, piedade, bondade entre irmãos e amor. Tenho receio que as pessoas vejam ou oiçam o oposto, como uma língua cínica, um espírito de julgamento, uma atitude negativa, um comportamento condescendente, manipulação, mentira, traição ou imoralidade.

Se não guardamos os nossos pensamentos e espírito, essas atitudes negativas e comportamentos irão comer-nos vivos. Talvez nós, num campus universitário, organização ministerial ou numa igreja local, não tenhamos escapado da tentação do cinismo, negativismo e condescendência.

A Bíblia identifica diferentes qualidades de carácter a serem intensamente buscadas se queremos tornar-nos homens e mulheres de bom e divino carácter... que vivem "vidas santas e piedosas" (2 Pedro 3:11-12). A lista de Paulo em Efésios 4:2 inclui humildade, gentileza, paciência e bondade. O profeta do Velho Testamento Miqueias perguntou: "O que é que o Senhor pede de ti, senão que pratiques a justiça e ames a beneficência e andes humildemente com o teu Deus?" A liderança é acerca do nosso carácter - quem somos - e não acerca da nossa posição ou do que fazemos.

O carácter tem implicações poderosas para os líderes cristãos. Nomeadamente, como líderes, temos a responsabilidade de ser modelos, de ajudar a construir o carácter. Se o que eu "faço" no ministério e na missão não flui daquilo que eu "sou" em Cristo, então, será sentida uma grande separação nas vidas daqueles que buscamos liderar. A nossa responsabilidade é modelar esse espírito para os nossos colegas. Isto deve ocorrer ao longo do processo de moldar líderes decisivos que merecem servir.

Modelar é o processo primário pelo qual os líderes "passam" as qualidades fundamentais de carácter e valores necessários a futuros líderes. Essas qualidades nas nossas vidas como líderes, ou a falta delas, irão confirmar ou negar a outros o que lhes queremos ensinar acerca de ministério e missão.

A VISÃO DE DEUS PARA NÓS É QUE SEJAMOS HOMENS E MULHERES DE CARÁCTER BOM E DIVINO... INDIVÍDUOS QUE VIVEM VIDAS SANTAS E PIEDOSAS.

1 Pedro 1:3, refere: *"O divino poder de Deus tem-nos dado todas as coisas que pertencem à vida e à piedade."* Por outro lado, no versículo 5, somos desafiados a *"fazer todos os esforços para adicionar à vossa fé essas qualidades."* Noutras palavras, as qualidades de carácter identificadas por Pedro fluem de uma vida que tem sido salva apenas pela graça de Deus, através da fé em Jesus Cristo, que nos chama para uma vida de viver santo.

Ainda assim, essas mesmas qualidades de viver santo devem ser *nutridas, cultivadas* e *desenvolvidas* ao longo das nossas vidas e nas vidas daqueles que lideramos, se realmente somos semelhantes a Cristo. A formação do carácter cristão toma lugar durante toda a vida e é moldada através das nossas respostas aos imperativos e ensinos bíblicos e através de um processo de quebrantamento e oração.

Tenho descoberto um relacionamento duro, mas fascinante entre o quebrantamento e o desenvolvimento do carácter. Nas situações de conflito da vida, precisamos continuamente questionar: O que é que Deus precisa ensinar-me acerca do *meu* carácter através desta circunstância ou através deste encontro... em casa, no trabalho ou na igreja?

Recorda-se o coro tornado em música baseado nas palavras de Paulo em 2 Coríntios 12:9?

A sua força é aperfeiçoada quando a nossa força se vai,

Ele irá carregar-nos quando não conseguirmos avançar;

Levantado no Seu poder, o fraco se tornará forte;

A sua força é perfeita; a Sua força é perfeita.

Sete questões têm-me ajudado numa busca vitalícia sobre o desenvolvimento de carácter cristão. Talvez elas possam ajudar à medida que equipa aqueles pelos quais é responsável.

1. Irá esta acção fortalecer-me espiritualmente?
2. Desejaria que os meus filhos, meu cônjuge, ou o meu melhor amigo copiassem esta minha acção?
3. Esta acção viola um princípio bíblico?
4. Esta acção fortalece o corpo de Cristo?
5. Um amigo não cristão seria atraído para Cristo e para a fé cristã pelo meu comportamento?
6. As minhas atitudes negativas afectam outras pessoas?
7. Se isto acontece, que farei para mudar este tipo de comportamento na minha vida?

Maxwell e Dorman referiram: "Muitos têm sucesso momentaneamente pelo que conhecem, outros têm sucesso pelo que fazem, mas poucos têm sucesso permanentemente pelo que são."[38]

A formação do carácter cristão é um processo de mudança de vida e é vitalício, nutrido primariamente pelas disciplinas espirituais da confissão, silêncio, oração, provas e testes à nossa fé e que são feitas efectivas nas nossas vidas apenas pela Sua graça e pela Sua força!

O desenvolvimento do carácter divino começa com a obra transformadora de Deus nas nossas vidas através do novo nascimento. Nicodemos, em João 3:1-8, basicamente perguntou a Deus: *"Como começo esta busca por um 'bom e divino' carácter - uma vida santa e divina?"*

Nicodemos tinha uma excelente reputação. Ele pertencia ao grupo religioso mais rigoroso da altura. Ele observava a lei. Ele jejuava e orava regularmente. Ele dava o dízimo da sua renda e era membro do sinédrio. Ele era um dos 70 anciãos que governavam a vida religiosa e social do povo. Ele tinha autoridade e prestígio e era educado e respeitado na comunidade.

Jesus disse a este homem: *"Tu precisas nascer de novo"* (João 3:3). Quando uma pessoa "nasce de novo", ele/a nasce novamente pelo Espírito de Deus. Tornamo-nos vivos para a verdade espiritual. Recebemos uma nova natureza. Como filhos de Deus, partilhamos da santidade de Deus. Há em nós uma radical mudança de conduta e carácter.

1 Coríntios 5:17 diz: *"Se alguém está em Cristo, nova criatura é, as coisas velhas já passaram, tudo novo se fez."* Isto é mais do que apenas remendos ou uma reforma exterior. Esta é uma transformação interior, moral.

Nicodemos ficou confuso (João 3:9-12; 16-21). O novo nascimento ou a nova vida em Cristo é um mistério porque é um milagre de Deus. "Deus estava em Cristo, reconciliando Consigo o mundo" (2 Coríntios 5:16-21). Cristo tomou o nosso pecado em Si mesmo e morreu em nosso lugar. Ele tomou a iniciativa e fez por nós o que não podíamos ter feito por nós mesmos.

Então a questão torna-se: Como iremos responder ao que Deus tem feito por nós? Podemos responder numa fé radical ou podemos permanecer na descrença.

Estamos a viver segundo a nossa reputação ou sabemos que nascemos de novo pelo Espírito de Deus? Tem o carácter de Cristo sido formado em nós e estamos a crescer e a amadurecer à semelhança de Cristo? Se não, encorajo-o/a a confessar que queremos a Sua vida - o Seu carácter - formada em nós. Recorde-se, em primeiro lugar as coisas que são mais importantes.

PONDERE ESTA QUESTÃO: QUANDO COMPLETAMOS A NOSSA RESPONSABILIDADE MINISTERIAL PRESENTE, IREMOS NÓS SER RELEMBRADOS MAIS PELO NOSSO CARÁCTER DO QUE PELA NOSSA REPUTAÇÃO?

Pedro defende claramente o carácter piedoso e a vida santa. Porquê? Para que sejamos efectivos e produtivos no viver do ministério, da missão e do liderar que conta para a eternidade.

Foi importante para mim nos primeiros (e vários) anos na MVNU forjar uma declaração de missão e de visão que abordou duas preocupações minhas - a pessoal (inclusive família) e a profissional (responsabilidade da MVNU).

A minha missão e visão é a de ser um modelo cristão e líder, primeiramente para a minha família, e subsequentemente para a comunidade da Universidade Nazarena de Mount Vernon no contexto de liderança visionária e de serviço.

Darei atenção às necessidades financeiras da minha família, incluindo a reforma e em manter-me física e emocionalmente preparado para poder servir com a máxima eficácia. Sou um profissional em desenvolvimento que dá prioridade, no seu tempo, ao planeamento estratégico para a instituição que sirvo.

Neste contexto, irei capacitar e energizar a minha família, amigos e colegas a dar o seu melhor nas suas funções e responsabilidades únicas. Todas as minhas actividades iniciam-se e operam a partir de uma chamada pastoral de quem se vê a si mesmo acima de tudo como um seguidor de Jesus que articula, modela e está comprometido à Sua vida e ensinos.

À medida que chegamos aos meus anos de reforma do ministério a tempo inteiro, activo e vocacional, revi a minha declaração de missão e visão:

Desejo que os meus "últimos" anos sejam caracterizados pela fé madura, nutrição familiar, crescimento pessoal, desenvolvimento profissional, mentoria de líderes, cultivo de amizades, compaixão pelos pobres e passar para uma nova geração de cristãos, particularmente através da escrita, o que tem sido tão livremente passado a mim.

Numa folha de papel com uma linha desenhada no seu centro, que significa a sua vida, demonstre como tem fluído a sua vida - os altos e baixos - reflectindo assim a "cronologia" da sua vida. Partilhe com outros os pontos acima da linha - quando eles ocorreram e porquê, assim como os pontos abaixo da linha.

Se o tempo permitir, faça o paralelo deste exercício para a igreja ou para o grupo que lidera. Quais os pontos altos? Quais os baixos? Porquê?

_____

_____

Que lições emergem relativamente à reconciliação e transformação, esperança e carácter, ministério e missão? Mantenha em primeiro lugar as coisas mais importantes.

_____

_____

O LÍDER COMO CATALISADOR EM TRANSFORMAR UMA COMUNIDADE DE FÉ

Muitos dos conceitos discutidos até agora no livro, são disciplinas espirituais ou lições que o Espírito Santo tem a ensinar-nos. As funções de um líder espiritual (Figura 3.1) servem-nos como catalisador em facilitar a transformação congregacional para o ministério e missão. As funções de liderança, (a) Sonhar e Planear; (b) Organizar e Administrar; (c) Motivar e Inspirar; e (d) Avaliar e Encorajar são aptidões que todos nós podemos aprender e então fortalecer. A maior parte de nós não é igualmente forte em cada uma das quatro funções. Precisamos de escutar quem está à nossa volta, que é diferentes de nós mas que poderá ter forças e dons de liderança necessários que nós não possuímos.

Como líderes espirituais, a nossa prioridade é olhar para Deus em adoração e devoção e buscar a visão de Deus e a Sua orientação. Depois de,

FUNÇÕES DE LIDERANÇA	PERSPECTIVAS TEOLÓGICAS	QUESTÕES CHAVE	TAREFAS ESPECÍFICAS	PREOCUPAÇÕES ORGANIZACIONAIS
SONHAR E PLANEAR	O povo de Deus	Quem somos?	Clarificar visão e missão	Propósito
	A comunidade de fé	Onde estamos agora?	Aceder a congregação	
	O Corpo de Cristo	Onde queremos ir?	Determinar o programa	
	A comunhão no Espírito	Porquê?	Estabelecer objectivos	
ORGANIZAR E ADMINISTRAR	Um povo liderado e dotado pelo Espírito	Como é que lá vamos chegar? Quando vamos lá chegar?	Organização e Implementação	Estrutura
MOTIVAR E INSPIRAR	Um povo chamado para o ministério, dons treinados e enviados	Quem vai ser responsável?	Mobilização e Energização	Pessoal da Equipa
AVALIAR E ENCORAJAR	Um povo que cresce	Fomos bem sucedidos? O que precisa de ser melhorado? Onde? Quem? Como?	Rever Retorno Encorajamento Mudança	Organização Dinâmicas & Procedimentos

Formando um Ministério de Reconciliação
e Transformação através de

Alcançando acima	⬆	Adoração/Devoção
Alcançando fora	➡	Testemunho/Serviço/Evangelismo
Alcançando dentro	⬅	Nutrição Cristã/Formação Espiritual
Alcançando à volta	↻	Comunhão/Comunidade/O Povo de Deus

Figura 3.1. O líder como catalisador em transformar uma comunidade de fé. © E.L. Fairbanks

em espírito de oração, O buscarmos em oração e na Sua Palavra, tomamos tempo para sonhar e planear.

As *tarefas específicas* de planear incluem clarificar o nosso ministério e missão, avaliar necessidades, determinar programas e estabelecer objectivos. Aqui estão algumas q*uestões chave* a fazer:

- Quem somos nós?
- Onde estamos agora?
- Para onde estamos a ir?
- Porquê?

Os sonhos são frequentemente pré-requisitos para a visão. Sonhe sonhos grandes, inspirados por Deus. Precisamos de fazer as coisas que pensamos que não conseguimos fazer. Felizes são aqueles que sonham grandes sonhos e que estão dispostos a pagar o preço para que se tornem realidade.

Ter uma visão clara e clarificar a nossa missão irá ajudar-nos a definir objectivos apropriados. Também nos irá ajudar a explicar o *propósito* para aqueles com quem iremos trabalhar. De uma perspectiva *teológica*, "visualizamos" aqueles com quem trabalhamos e planeamos como o povo de Deus, a comunidade de fé, o corpo de Cristo, a comunhão do Espírito, um povo liderado e cheio do Espírito, um povo que ministra - chamados, dotados, treinados e enviados - e um povo que cresce.

Com a visão clarificada e a missão definida é importante organizar o processo. A tarefa é implementar a visão. As questões a fazer são: "Como chegaremos lá?" e "Quando lá chegaremos?". Coloque um prazo em cada parte do processo. Irá ter uma probabilidade muito mais alta de completar o seu objectivo se houver uma data limite a ele fixada. Organizar os objectivos e determinar quando devem ser completados irá dar-lhe um mapa ou uma estrutura ao processo. Mantê-lo/a-à a si e à sua congregação, no trilho.

Uma responsabilidade da liderança que é frequentemente negligenciada é ser um bom motivador. A tarefa é mobilizar a nossa congregação a completar os objectivos acordados. Determinar quem irá ser responsável por cada parte do processo ou plano. A motivação é mais do que gerar entusiasmo e adesão das pessoas que estão a ser servidas. É dar-lhes o treino e as ferramentas para trabalhar na missão. Motivar os outros é crítico. A obra que Deus faz em nós é demasiado grande para ser feita sozinha. Precisamos de ajudar os outros a reconhecer a sua chamada e os seus dons, bem como treiná-los.

Outro requisito de liderança é ser um avaliador efectivo. Isto envolve rever o processo; conseguir opiniões; e até mudar o processo, estrutura ou prazo, se for necessário fazer alterações para completar os objectivos. A força motivadora é o optimismo. Ao avaliar onde estamos e como estamos a ir, podemos celebrar os nossos sucessos à medida que alcançamos objectivos intermediários. A avaliação também dá uma linha de base de comparação ao iniciar outros programas, processos e marcas de referência.

Equipar Outros para o Treino de Discipulado Vitalício

O que é o discipulado e como é que ele se relaciona com a missão e ministério de cada seguidor de Cristo? Dean Blevins acredita que o "discipulado" define a nossa caminhada diária com Jesus Cristo, ancorada na graça de Deus, com Cristo como nosso guia e o Espírito Santo como nosso apoio. Ele descreve o discipulado como a nossa jornada tanto como indivíduos como também como comunidades de fé. O discipulado "forma-nos à semelhança de Cristo, desafia-nos a discernir a vontade de Deus na igreja e para o mundo e chama-nos ao envolvimento missional no mundo".[39] Este "processo de moldar-buscar-servir chama-nos à obediência, compreensão e dedicação ao reino de Deus, incorporado no ensino e ministério de Jesus".[40]

No seu âmago, o treino de discipulado é ajudar as pessoas a crescer em maturidade espiritual para se tornarem mais como Cristo (2 Coríntios 3:18). Se, como líderes decisivos e fiéis em comunidades de fé, devemos fazer discípulos, então qual é o nosso processo para os moldar? Temos uma visão para discipular os cristãos com os quais trabalhamos e servimos (Efésios 4:7-16)?

A Figura 3.1 visualiza o papel catalisador do pastor/líder em moldar uma congregação reconciliadora e transformadora "alcançando acima" em adoração e devoção; "alcançando fora" através do testemunho, serviço ou evangelismo; "alcançando dentro" através da nutrição cristã e disciplina espiritual; e "alcançando à volta" através da comunhão e comunidade através do corpo de Cristo, o povo de Deus. Esta é a imagem total e a grande tarefa do treino de discipulado. É a nossa visão. Isto representa a qualidade de crentes que esperamos desenvolver.

Incluído no componente vital de sonhar e planear está a revisão dos planos e programas que são designados para equipar outros para o ministério e missão. Pesquise recursos para o/a assistir à medida que procura cumprir o seu objectivo. Comece a identificar modelos que se encaixam na sua comunidade local, organização ministerial ou colégio.

Visite sites denominacionais sobre programas de discipulado. Estou particularmente impressionado com a publicação *Essenciais Nazarenos*, pela Igreja do Nazareno e editado pelo Dr. Frank Moore (2015). O dotado editor discute os Artigos de Fé e os valores essenciais da denominação e também providencia uma breve visão geral da teologia wesleyana.

As aplicações de telemóvel estão disponíveis para guiar indivíduos e grupos através de estudos bíblicos por livros ou temas da Bíblia. Uma das aplicações de telemóvel mais úteis é a *YouVersion Bible*. A aplicação fornece várias versões da Bíblia aos leitores. Também, vários programas e planos para a leitura da Bíblia e estudo providenciam acesso a livros inteiros da Bíblia, certos temas ou estações do ano cristão.

Algumas empresas especializam-se em providenciar programas específicos de discipulado, com materiais disponíveis para moldar a comunidade de fé para eficácia na missão e no ministério. Essas empresas levam a sério a tarefa de providenciar recursos para indivíduos, igrejas e pequenos grupos de discipulado e missão.

Não negligencie os colégios cristãos, universidades e seminários que frequentemente providenciam cursos *online* de curto termo, programas académicos, classes e estudos bíblicos e teológicos.

As regiões da Mesoamérica e da América do Sul da Igreja do Nazareno, lideradas pelos directores regionais, Dr. Carlos Saenz, e Dr. Christian Sarmiento, com os seus coordenadores de educação regional, Dr. Ruben Fernandez e Dr. Jorge Julca, têm, na minha perspectiva, desenvolvido um dos melhores programas de treino de discipulado da Igreja do Nazareno. O programa, Discipulado para a Vida, disponibiliza programas de treinamento para todas as regiões e gerações, para cristãos novos e em crescimento, desde estudos básicos da Bíblia e estudos teológicos até à educação ministerial no nível de doutoramento.

As regiões da Mesoamérica e da América do Sul fornecem treino sistemático em cinco níveis de discipulado:

Nível A: Pré-Conversão ao Evangelismo

Nível B: Baptismo até se tornar membro da igreja

Nível C: Santificação, viver a vida cristã; e crescimento em santidade;

Nível D: Desenvolvimento Ministerial e Escola de Liderança;

Nível E: Educação Profissional Ministerial e Carreiras em educação teológica.

Além dos guias de estudo de discipulado e classes para crentes nas igrejas locais, as regiões oferecem programas académicos no bacharelato em teologia, assim como na licenciatura em teologia. Providenciam também um programa de diploma no ensino teológico. As regiões treinam pastores-professores para ensinar nos seus programas de educação descentralizados. Os seminários regionais disponibilizam um programa de mestrado e um programa de doutoramento.

Com um olho no futuro, a região da América do Sul criou um "Instituto Wesleyano da Identidade Nazarena", um ponto de encontro intergeracional para preservar a herança teológica wesleyana. O objectivo deste impressionante e compreensivo programa de discipulado é "moldar uma nova geração de ministros cristãos na América do Sul".

A Dra. Monica Mastronardi de Fernandez, a editora geral do programa de discipulado "ABCDE" para a região da Mesoamérica, escreveu material excepcional para ser usado em cada nível do modelo de treino. As séries "ABCDE" começam no nível da igreja local. O editor geral das séries, juntamente com os líderes regionais e com os pastores das igrejas locais, acreditam apaixonadamente que todos os cristãos em cada congregação devem ser treinados e equipados nos conceitos básicos do discipulado cristão. O programa contém numerosos cursos e materiais ricos de recurso.

Poderá sentir que a essência e a profundidade do programa de treino das regiões da Mesoamérica da América do Sul estão longe de poderem ser duplicados e provavelmente tem razão. A ideia de partilhar o programa deles é ilustrar como os líderes nas Caraíbas, México, América Central e na América do Sul adoptaram uma missão e visão para o grupo da sua responsabilidade. No caso deles, esse grupo era uma combinação de regiões, uma grande extensão de terra e de pessoas a cruzar as divisões económicas e linguísticas. A complexidade da situação não os impediu de desenvolver um plano para alcançar a sua missão e realizar a sua visão. Deus está a abençoar as regiões com fenomenais sucessos no seu programa de discipulado-treino, que está disponível em espanhol, português e inglês.

As regiões da Mesoamérica e da América do Sul não começaram só com um modelo de discipulado, mas também desenvolveram o plano e organizaram os seus recursos para implementar, administrar e treinar os professores no plano *Discipulado para a Vida*. Existe mais informação disponível acerca desses programas de discipulado através dos coordenadores de educação regional. O objectivo do *Discipulado para a Vida* é claro. Independentemente da localização, idade ou tamanho, para que uma comunidade de fé seja equipada e moldada para a missão e ministério, os seus líderes precisam ser decisivos e fiéis nos seus papéis de liderança.

As funções de liderança de sonhar e planear, administrar e organizar, motivar e inspirar e avaliar e encorajar precisam de acontecer com o grande objectivo de nutrir e moldar discípulos. De facto, o líder é o catalisador em moldar uma comunidade cristã ou uma congregação local para uma comunidade reconciliadora e transformadora através do "alcance acima, fora, dentro e à volta".

Estabelecer Objectivos de Crescimento para o Ministério e Missão

Lembro-me de ter ensinado um curso sobre liderança organizacional vários anos atrás e de os estudantes terem começado a fazer questões, questões muito básicas, acerca da definição de objectivos no contexto de preparação de ministério. Na sessão seguinte, voltei à aula, um pouco apologeticamente, com um esboço.

Num nível muito básico, OBJECTIVOS específicos deviam:

1. Ser mensuráveis
2. Ser relevantes
3. Ser atingíveis
4. Conter um verbo de acção
5. Incluir um prazo[41]

O estudante mais perspicaz na aula, com respeito por mim, mas ainda assim com firmeza na sua voz, disse-me: "Se não for o senhor a ensinar-nos estas coisas, quem irá?"

Os objectivos de crescimento são *declarações de fé* para o líder cristão que expressam claramente o que cremos que Deus fará através de nós.

Estabelecer objectivos e programas para equipar crentes para o ministério e missões, para conseguirem alcançar os seus objectivos e ambições não é apenas para os líderes designados ou regionais das organizações. Também se aplica aos líderes em famílias cristãs e nas igrejas locais.

Por exemplo, estude as seguintes declarações de objectivo. Usando os cinco critérios básicos para estabelecer objectivos de crescimento, identifique a declaração específica de objectivo com a letra (E) e a declaração vaga de objectivos com a letra (V).

1.a. ter mais pessoas nos cultos

1.b. aumentar a participação nos nossos programas de missão e ministério em 20%

2.a. implementar uma campanha financeira para que possamos construir um sistema sem dívidas

2.b. aumentar significativamente a doação do próximo ano na nossa organização

3.a. desafiar as pessoas a aumentar a sua oferta financeira

3.b. tornar-se uma organização ministerial ou congregação que se auto-sustenta dentro de dois anos

4.a. fazer um melhor trabalho em comunicar o nosso ministério no próximo ano

14b. investir pelo menos 12 horas cada semana no desenvolvimento pessoal de liderança

5.a. começar pelo menos três aulas ou programas nos próximos 12 meses

5.b. ter mais programas sobre a nossa organização ministerial

6.a. melhorar a aparência das nossas instalações

6.b. reparar ou pintar as salas de aula do programa extracurricular, a capela ou a sala de reuniões e o placard da organização durante os próximos 12 meses

Há vários anos atrás, foi estimado que apenas uma pequena percentagem de líderes actualmente escrevia objectivos para eles mesmos e para a sua responsabilidade de liderança. Quando recentemente partilhei esta percentagem com um grupo de pastores, o grupo afirmou que, da sua perspectiva, a percentagem estava correcta.

Por favor identifique vários objectivos específicos, usando os critérios listados, para a igreja, instituição ou organização ministerial que serve:

_____

_____

Objectivos fortes motivam-nos, dão-nos propósito, mantêm alinhadas as prioridades, canalizam e maximizam o nosso potencial e promovem o entusiasmo numa organização. Eles ajudam-nos a operar de forma mais eficaz, a avaliar o progresso, a planear antecipadamente e a comunicar. Os objectivos retiram a ênfase da *actividade* e colocam-na nos *resultados*.

Há vários anos atrás, falei numa conferência sobre o amplo assunto da "Definição de Objectivos" e usei o esboço abaixo para abordar o tema a mim atribuído. Depois da apresentação, estava curioso com as respostas à minha questão: Qual dos dez pontos se relaciona mais com as suas responsabilidades específicas de liderança? Qual seria a sua resposta? Porquê?

Líderes Que Fazem as Coisas Acontecer

1. Os líderes que fazem as coisas acontecer tomam decisões em vez de "deixarem andar".
2. Os líderes que fazem as coisas acontecer sabem para onde estão a ir e como farão para lá chegar.
3. Os líderes que fazem as coisas acontecer são orientados para os resultados em vez de serem orientados para as actividades.
4. Os líderes que fazem as coisas acontecer estão entre a pequena percentagem que escreve os seus objectivos de crescimento.
5. Os líderes que fazem as coisas acontecer desenvolvem uma declaração de missão como base em cima da qual cada ministério do distrito, região ou instituição é construído ou avaliado.
6. Os líderes que fazem as coisas acontecer são sonhadores que sonham grandes sonhos!
7. Os líderes que fazem as coisas acontecer compreendem a liderança como uma transferência de visão!

8. Os líderes que fazem as coisas acontecer pensam em grande e atrevem-se a almejar alto, ao estabelecer objectivos de crescimento que são mensuráveis, possíveis, alcançáveis e que têm um verbo de *acção* e um prazo.

9. Os líderes que fazem as coisas acontecer não se limitam a escrever objectivos. Eles trabalham duro em detalhar programas e planos pelos quais os objectivos serão alcançados.

10. Os líderes que fazem as coisas acontecer esperam grandes coisas de Deus e fazem grandes coisas por Deus. Eles trabalham como se tudo dependesse deles e oram como se tudo dependesse de Deus!

Equipar Outros para Transições e Tensão

Nem todas as pessoas que lideram querem mudar ou reconhecem que a mudança é necessária. A mudança é inevitável em muitas situações - na comunidade, economia, demografias, expectativas, tecnologia, governo e educação. Os problemas surgem nas *transições* relacionadas com essas mudanças *inevitáveis*. A nossa responsabilidade de equipar inclui preparar outros para transições e tensões que frequentemente seguem.

Compreender transições é importante para os líderes e seguidores na igreja ou organização que servimos. Ajuda-nos a preparar aqueles por quem somos responsáveis. Tem um impacto directo na nossa eficiência e eficácia de missão. As questões que os líderes da igreja precisam fazer são: as organizações e congregações (incluindo indivíduos) passam por ciclos numéricos (e espirituais)? São os ciclos inevitáveis? Como recuperar o ímpeto no meio dos ciclos?

Bridges (1991) debateu transições no contexto de mudança e transições. Ele acreditava que "numa transição existe um fim, depois, uma zona neutra e só após isso um novo começo. ... mas essas fases não são estados separados com barreiras claras. As três fases de transição são mais como camadas curvas e oblíquas em qualquer situação".[42]

A sequência geralmente flui como se segue:

• Alguém tem um sonho
• Desacelera para pesquisar sobre o seu sonho
• A visão toma conta da situação

- A organização cresce e é mais eficaz e eficiente
- Há um declínio quando as mesmas coisas, feitas como nos primeiros anos, não funcionam
- Tomar tempo para uma nova visão. São necessárias novas iniciativas.
- Uma visão de mudança é adoptada. A liderança tem a responsabilidade de começar uma fase nova e dadora de vida.

Relativamente aos *antigos finais*, o líder deve questionar: quais são os antigos finais que precisam de ser abandonados? Quais são os valores essenciais do antigo que devem ser retidos?

Relativamente ao período de *transição*, o papel do líder é articular a visão *final,* mas reter convicções essenciais. O líder, durante este período de mudança e transição, deve modelar consistência, estabilidade, integridade, respeito, confiança e comunicação.

Relativamente aos *novos começos*, o líder deve envolver o povo em institucionalizar a transição pela qual está a passar e através da qual se está a mover. O líder deve continuar a modelar as qualidades de carácter cristãs de Efésios 4 e 1 Pedro 1, especialmente em situações de conflito e com membros congregacionais que diferem uns dos outros.

Há uma altura crítica onde o líder e a junta têm a responsabilidade, tanto de monitorizar, como guiar as fases. Questões adicionais que os líderes devem fazer a si mesmos e à sua comunidade:

1. Onde está a organização no ciclo?
2. Qual é que devia ser a função do director/pastor do ministério no ciclo? Na junta?
3. Qual é que devia ser a função específica do líder nas fases de transição?

No meu discurso inaugural como presidente no Colégio Nazareno de Mount Vernon, falei sobre o assunto da "Educação para um Estilo de Vida de Serviço". Concluí ao dizer:

> O próximo passo para o corpo docente e administradores da MVNC é examinar as implicações do motivo ético de serviço. Precisamos de explorar juntos as implicações do nosso compromisso com um estilo de vida de serviço enquanto revemos o nosso currículo

geral de educação; desenvolvemos seminários, conferências, palestras e módulos de curto prazo para o Centro de Negócios de Livre Iniciativa; consideramos programas não tradicionais e de grau de conclusão; aumentamos as oportunidades contínuas de educação no e fora do campus e revemos a educação do campo e os programas internos.[43]

Financeiramente, o MVNC era uma forte instituição de educação superior, com reservas e orçamentos anuais equilibrados e poucas dívidas. Era tido em alta consideração pela sua educação, pré-medicina, artes, teologia e *ministério* cristão e programas académicos de gestão.

O que notei foi que as inscrições dos estudantes universitários tinham permanecido estáveis entre os 1000 e os 1085 estudantes nos últimos cinco anos. Quando comecei a minha presidência no MVNC, não havia programas de pós-graduação a ser oferecidos no colégio e não havia campus de extensão.

Depois de intermináveis reuniões do corpo docente, funcionários e administração, de um corpo docente comprometido (foi-me dado um presente no meu primeiro retiro do corpo docente, uma capa com as palavras: "O Homem dos Memorandos" escritas na capa!) e de uma Equipa de Liderança envolvida, as inscrições dos estudantes universitários passou a marca dos 1100 dentro de dois anos. Além disso, o primeiro campus descentralizado, que oferecia um programa de gestão para os alunos universitários num formato não tradicional, estaria em funcionamento dentro de três anos; os programas de pós-graduação foram aprovados num prazo de quatro anos. Foram construídos novos edifícios no campus dentro de sete anos, sem dívidas ou com uma dívida baixa, incluindo uma bela biblioteca/centro de recursos de aprendizagem, a expansão de alojamento para alunos, alargamento de áreas de refeição comuns e instalações académicas adicionais.

O processo de dois anos a estudar a questão de passar o colégio para o nível universitário concluiu-se com a Equipa de Liderança a aprovar uma recomendação para transitar o Colégio Nazareno de Mount Vernon para Universidade Nazarena de Mount Vernon. No espaço de quinze anos, a universidade mais do que duplicou as suas inscrições, mais que triplicou o seu orçamento anual operacional e aumentou o tamanho do campus em mais de 40%, fechando cada ano com um orçamento equilibrado, providenciando opções de programas académicos *on-line* e tendo nove campus descentralizados em Ohio, oferecendo programas académicos universitários e pós-graduação.

Um compromisso decidido era evidente para *equipar* e *preparar* a comunidade do campus no plano estratégico de alcançar a missão e visão do MVNC. Dez anos mais tarde, a Equipa de Liderança do colégio criou e aprovou um plano estratégico inteiramente novo para nos guiar como uma instituição no novo século. A instituição respondeu à necessidade de uma nova visão, uma grande iniciativa de "desobstrução", à medida que o colégio se preparava para o século XXI. Levamos a sério o ciclo de crescimento e de declínio e trabalhamos colaborativamente para gerir bem as transições - na maioria das vezes!

"Precisamos de ser capturados por uma visão, que transcenda o ministério **ao** povo, e o ministério **para** o povo, para ministrar **com** e **pelo** povo."[44]

INDICADOR QUATRO

O MÉTODO DE UMA LIDERANÇA
DECISIVA NO CUMPRIMENTO
DA VISÃO INCLUI A MENTORIA,
ADMINISTRAÇÃO DA JUNTA,
PLANEAMENTO MISSIONAL E UMA
COMUNIDADE ROBUSTA.

O MÉTODO DE UMA LIDERANÇA DECISIVA PARA O CUMPRIMENTO DA VISÃO INCLUI A MENTORIA, ADMINISTRAÇÃO DA JUNTA, PLANEAMENTO MISSIONAL E UMA COMUNIDADE ROBUSTA.

Juntas fortes capacitam líderes MISSIONAIS e VISIONÁRIOS;
Líderes fortes abarcam juntas APAIXONADAS e COMPROMETIDAS.

Edward LeBron Fairbanks

Um mentor "discipulador" comunica em palavra e acção que Deus está mais interessado no nosso carácter do que no nosso conforto. As qualidades de carácter que Deus quer que o Seu povo demonstre dentro da comunidade cristã são desenvolvidas mais profundamente em 2 Pedro 1:5-9:

> E vós também, pondo nisto mesmo toda a diligência, acrescentai à vossa fé a virtude, e à virtude a ciência, e à ciência a temperança, e à temperança a paciência, e à paciência a piedade, e à piedade o amor fraternal, e ao amor fraternal a caridade. Porque, se em vós houverem e abundarem estas coisas, não vos deixarão ociosos nem estéreis no conhecimento de nosso Senhor Jesus Cristo. Pois aquele em quem não há estas coisas é cego, nada vendo ao longe, havendo-se esquecido da purificação dos seus antigos pecados.

Se o líder e os liderados possuem essas qualidades, irão ser produtivos e eficazes na sua caminhada cristã e nos seus relacionamentos. Estas qualidades de carácter estão em paralelo com as qualidades identificadas em Efésios 4:2-3 - humildade, gentileza, paciência, apoio e unidade - caracterizam os seguidores de Cristo que caminham e lideram de forma digna (Efésios 4:1) da sua chamada.

Constantemente comunicada pelo exemplo, mais do que por palavras, é a verdade que Deus quer que eu esteja disponível para Ele, não para fazer coisas para provar que sou valioso para Ele. "Ele é conhecido como aquele que anda por aí a fazer o bem", afirmou Dr. Jim Bond, o Superintendente Geral emérito na Igreja do Nazareno, em referência a um colega. O presidente de uma universidade, na ocasião da reforma de um dos administradores sénior da universidade, referiu: "Ele combinou os atributos gémeos da competência intelectual e a espiritualidade com um espírito de optimismo e graça". Que elogio para um excepcional mentor e para os mentorados!

Quando trabalhava no Global Ministry Center da Igreja do Nazareno, um amigo candidatou-se ao programa de Mestrado de Divindade no Northwest Nazarene University (NNU). Um dos requisitos para o programa era que o estudante tivesse um mentor designado e aprovado ao longo do programa. O meu amigo pediu-me para servir nesse papel como seu mentor. Concordei com o pedido e tentámos encontrar-nos pelo menos uma vez por mês durante os anos do seu programa de mestrado. O NNU exigiu que eu assinasse um contrato, concordando com as suas expectativas para um mentor relativamente ao estudante. Foi uma maravilhosa experiência para mim. Continuamos a falar regularmente.

Durante as nossas sessões juntos, frequentemente voltávamos às questões básicas da mentoria, feitas de formas diferentes em ocasiões diferentes:

Como podemos mais consistentemente relacionar o nosso testemunho de santidade de coração e vida à forma como vivemos e lideramos em casa, no trabalho e na igreja local? Será que quem está mais perto de nós na comunidade de fé, testemunha consistentemente um estilo de vida santo reconciliado e de reconciliação?

Quando estivemos no nosso melhor (ou mais eficazes) desde a última vez que nos encontramos? O que nos caracterizou nesses momentos?

Quando e onde estivemos no nosso pior (ou menos eficazes)? Porquê e porquê ali?

No relacionamento de mentor - mentorado, discutíamos outras questões, tais como:

1. Que tipo de futuro imagina para a sua vida, família, congregação ou organização ministerial?
2. Quais são os seus sonhos para o grupo pelo qual é responsável?
3. O que está, pessoalmente, a fazer?
4. Como está a progredir na sua responsabilidade ministerial?
5. De que forma posso ajudar?

Em qualquer relacionamento de mentoria, as discussões estão, frequentemente, relacionadas com erros continuados de um líder emergente (Tabela 4.1).

Tabela 4.1. Erros Continuados de um Líder Emergente

Erros	Alternativas Necessárias
1.	1.
2.	2.
3.	3.
4.	4.

5.	5.
6.	6.
7.	7.
8.	8.
9.	9.
10.	10.

Uma boa questão a fazer a um futuro líder que tende a falar continuamente sobre problemas com pouca atenção às possíveis soluções é: "Então, o que é que...?"

Como mentor, comece por definir as áreas no seu mentorado que precisam de atenção. Usando a Tabela 4.1 como um ponto de partida, observe assuntos específicos.

Para o ajudar a desenvolver um processo de mentoria, poderá querer desenvolver a sua própria lista de questões de mentoria, baseadas nas questões que eu, periodicamente, fazia à equipa de liderança na Mount Vernon Nazarene University (MVNU):

1. *Porque* é que trabalha nesta organização ministerial?
2. Tem amadurecido na sua fé como resultado do seu trabalho?
3. Os seus *dons espirituais* correspondem às responsabilidades que lhe foram atribuídas?
4. Onde é que se sente mais *vulnerável* ou fraco/a?
5. Quais são os *seus* valores essenciais de vida e de trabalho numa comunidade de fé?
6. O que podemos fazer para fortalecer e articular os seus valores essenciais?
7. Como é que está a trabalhar para comunicar mais eficazmente a missão e visão aos colegas com quem trabalha mais de perto e com os funcionários na sua divisão administrativa?
8. Tem questões a fazer-me?
9. Como é que o/a posso ajudar a aumentar a sua eficácia em liderar aqueles pelos quais é responsável?
10. O que gostaria que eu considerasse ou mudasse na minha liderança da MVNU?

Frequentemente, reformulo essas questões para as pessoas pelas quais continuo a sentir uma grande responsabilidade de mentoria. Os planos de mentoria diferem bastante relativamente à necessidade, propósito, tempo, dinheiro e equipa. No entanto, quanto mais estruturado for o plano ou estratégia, melhor possibilidade há para o crescimento sustentado do mentorado. Seja pró-activo - não reactivo.

Frequentemente mudamos de funções no processo de mentoria. Somos mentores de alguns indivíduos e outros, por outro lado, são nossos mentores noutros contextos.

Enquanto estive na MVNU, criei várias juntas consultivas, com as quais me reuni de forma regular. Perguntava ao grupo de aproximadamente 20 pastores da nossa região as seguintes questões:

1. O que está a ouvir (sobre a MVNU) que preciso de saber?
2. O que está a pensar ou a sonhar acerca da MVNU?
3. Quais são as suas preocupações acerca desta instituição?
4. Que novas ideias gostaria que eu (ou a equipa de liderança do campus) considerasse?
5. Qual é o assunto chave que está a encarar a sua congregação hoje?
6. Visto que encaramos muitas dessas situações com estudantes, como podemos trabalhar melhor para abordar esses assuntos e preocupações?

A outro grupo pergunto:

1. É a MVNU fundamentalmente a mesma escola que era quando começou em 1968? É o mesmo lugar do qual o fundador presidente Stephen Nease falou numa carta à sua mãe: "Estamos a viver o tempo das nossas vidas… convencidos que estamos a viver uma das raras oportunidades alguma vez encontradas na igreja"?
2. Está o corpo docente, funcionários e administradores a trabalhar com o mesmo sentido de paixão e propósito?
3. Sou eu o mesmo presidente que era quando me mudei para Mount Vernon?
4. É a "chamada" para a nossa responsabilidade específica no campus ainda uma palavra nos nossos vocabulários e uma convicção e realidade nos nossos corações?

5. Quando foi a última vez que tivemos uma experiência de "sarça ardente" no campus?

Na reforma, encontro-me regularmente com dois outros homens, que grandemente admiro e respeito. Encontramo-nos cara a cara, comunicamos pelo *Facebook* e por *email*, e enviamos uns aos outros materiais que estamos a escrever ou partilhamos pensamentos que estamos a ter.

O seu "grupo de prestação de contas" ou grupo consultivo irá diferir do meu, assim como as suas questões. No entanto, como líderes, é importante para nós trocar de chapéu em alturas próprias e passarmos a ser mentorados por outros. A questão não é exclusivamente "De quem somos mentores". A questão inclui a preocupação paralela "Quem é o/a seu/sua mentor/a?". Somos líderes melhores e mais fortes porque perguntamos e escutamos.

Douglas Stone e Sheila Heen relembram-nos que aquele que dá *feedback,* ou mentor, pode ajudar-nos a ver os nossos pontos cegos quando estamos abertos à questão: "O que é que me vê fazer ou a deixar de fazer, que está a atrapalhar o meu caminho?"[45]

Eles também nos recordam que o *feedback* é realmente três coisas diferentes, com propósitos diferentes: "*Apreciação* - motiva e encoraja; *Treinamento* - ajuda a aumentar o conhecimento, aptidão, capacidade, crescimento ou levanta sentimentos num relacionamento; e *Avaliação* - diz-lhe onde está, alinha expectativas e informa a tomada de decisão".[46]

As três são importantes, mas frequentemente falamos sobre propósitos da cruz. Para o mentor e para o mentorado, somos encorajados a ser "profundos acerca do que precisamos e sobre o que nos está a ser oferecido, e a alinharmo-nos". Bom conselho![47]

Uma ferramenta muito básica para usar e partilhar com a pessoa da qual é mentor/a é o Princípio de Pareto, desenvolvido por John Maxwell:

VINTE POR CENTRO DAS SUAS PRIORIDADES IRÃO DAR-LHE OITENTA POR CENTO DA SUA PRODUÇÃO, SE USAR O SEU TEMPO, ENERGIA, DINHEIRO E PESSOAL NOS 20 POR CENTO MAIS IMPORTANTES DAS SUAS PRIORIDADES.[48]

QUAIS SÃO AS SUAS DUAS MAIORES PRIORIDADES?

GASTE 80% DO SEU TEMPO NESSAS DUAS PRIORIDADES.

Governo Diligente da Junta como Método

No início do meu mandato na MVNU, conduzi a minha primeira reunião da junta da igreja local para planear um retiro de dois dias. O formato do nosso dia juntos focou-se nas "Características de Membros de Juntas Fortes e Eficazes".

Nesse contexto de retiro, percebi o papel de mentor que um líder tinha em relação à sua junta de governo. Desde esse retiro há anos atrás, tenho passado bastante tempo a estudar as características de juntas fortes e efectivas de congregações locais; organizações ministeriais; e colégios, universidades e seminários. As estratégias de implementação impulsionam pastores e líderes de organização ministerial a serem mentores intencionalmente e a nutrir as juntas que lideram para que estas sejam mais eficientes e efectivas no cumprimento da missão.

1. Tem sido dito que as nossas vidas podem ser caracterizadas, resumidas e, talvez, condensadas numa frase. Poderia o mesmo ser dito sobre a(s) junta(s) governativas nas quais servimos? Tenho a tendência em concordar.

2. Se concorda, como caracterizaria as juntas mais eficazes nas quais serve... numa frase? _____
_____
_____

3. E as menos eficazes? _____
_____
_____

JUNTAS FORTES CAPACITAM PASTORES MISSIONAIS E VISIONÁRIOS; LÍDERES FORTES ABARCAM JUNTAS APAIXONADAS E COMPROMETIDAS.

Moldei esta frase ao longo dos anos à medida que encontrei juntas fortes e líderes fracos e também o oposto - líderes fortes e juntas fracas.

Não é uma questão de "um ou outro" para líderes decisivos com uma visão de servir; em vez disso deve ser "ambos/um e outro".

No Anexo B encontram-se listadas *características* de juntas fortes e efectivas. Esta secção é desenvolvida mais completamente num livro do qual sou co-autor com James Couchenour e Dwight Gunter.[49]

Característica #1: "o papel, propósito e função da junta" é a característica abrangente das juntas saudáveis. Se ignorada, as restantes 11 características e melhores práticas não serão adoptadas. As juntas maduras *focam-se na formulação de procedimentos e estratégia de missão; não nas operações diárias e implementação.* As suas "cabeças" estão comprometidas com questões, com a observação, com o escutar e o falar; os seus "dedos" não estão envolvidos nas operações diárias e desenvolvimento de implementação da estratégia ou governo.

Como modificaria esta lista no Anexo B, com adições ou exclusões, para tornar estas "características" um esboço de mentoria para guiar o trabalho com a sua junta? Liste abaixo as três principais "características" e "melhores práticas" para si e para a sua junta se focarem nos próximos seis a dezoito meses.

    1.   _____

    2.   _____

    3.   _____

Recentemente, pedi a pastores e juntas de igrejas locais durante um circuito da *BoardServe* para pensarem numa declaração de *visão* da junta de uma igreja local. Encorajei-os a pensar numa declaração que desse às suas juntas uma "panorâmica maior" do porquê de fazerem o que fazem. *Porque* é que trabalham regularmente na aparente rotina e trabalho mundano de uma organização ministerial ou numa congregação local? Para que propósito? A que final é que os "nossos" esforços nos levam? O que caracteriza uma junta no seu melhor? Sugeri a seguinte declaração como ponto de começo:

"O ministério de liderança da junta da "nossa" igreja *capacita* os participantes da igreja a cumprir o *seu* ministério uns para com os outros e a missão da igreja, na sua vizinhança e para além dela."

De que forma adaptaria esta declaração para a junta na qual serve?

"Vê" na declaração uma forma das juntas se "verem" a si mesmas e o trabalho que fazem de forma regular? Que diferença faria na sua junta se os membros se vissem como uma equipa de liderança, trabalhando com o pastor, para capacitar a congregação a servir os outros no nome de Jesus? Tudo o que é feito numa reunião da junta deveria servir intencionalmente para facilitar, equipar e capacitar a congregação no ministério cristão uns para os outros e a sua participação na missão da igreja, que é realmente a missão de Deus, na sua vizinhança e para além dela!

"Presidir com cuidado" (Romanos 12:8c). O seguinte devocional e apresentação de desenvolvimento da junta para a Equipa de Liderança do Seminário Teológico Nazareno da Ásia-Pacífico tem sido modificado para este livro. São abordadas características do governo da junta efectiva.

"De modo que, tendo diferentes dons, segundo a graça que nos é dada... O que preside, com cuidado" (Romanos 12:6, 8b).

No fascinante capítulo 12 de Romanos, três palavras dizem-me imenso quando penso sobre liderar juntas de igrejas locais, distritos e juntas nacionais e o colégio, universidade e juntas do seminário. As palavras do versículo 12:8 são "presidir com cuidado."

O que significa "presidir com cuidado"? O que é uma "junta de governo"?

No meu trabalho com juntas em vários países, tenho encontrado muita ambiguidade relativamente ao governo de juntas. Os membros querem ter um impacto positivo nas juntas a que pertencem. Ficam maravilhados por serem convidados para servir numa junta.

Para muitos de nós, o convite providencia uma oportunidade de sermos bons mordomos dos dons, talentos, educação e experiências com os quais temos sido abençoados. No entanto, de forma frequente, este entusiasmo rapidamente leva à frustração pelo facto de as juntas nas quais servem terem falta de compreensão do papel, propósito e estrutura da junta.

A grande questão relativamente a juntas governantes é esta: "o que deveria uma igreja local, organização ministerial ou junta de governo

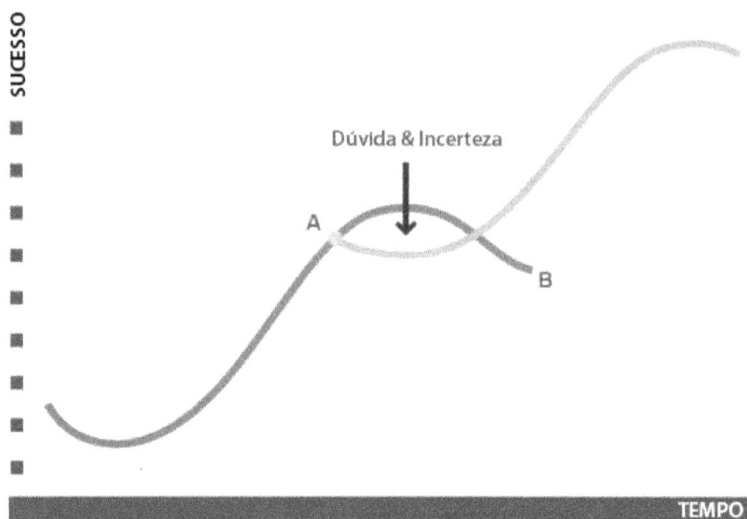

Figura 4.1. Curva de "S" Modificada para a junta governativa do Seminário Teológico Nazareno da Ásia-Pacífico [STNAP]

de um seminário fazer para ser uma junta forte e efectiva que governa diligente e ... eficazmente?"

Defino uma junta governativa como "... um corpo eleito que visiona o ministério e missão de uma igreja local ou organização ministerial entre encontros anuais de membros." Uma junta governativa de uma igreja local ou de uma organização ministerial "é guiada pelo manual da igreja e/ou organização ministerial, por leis e Artigos de Incorporação" e deve assegurar-se que os documentos legais e de governo são actuais.[50]

As organizações, incluindo igrejas locais e organizações ministeriais, evoluem e mudam, e da mesma forma, as juntas governativas devem fazê-lo. Juntas fortes e eficazes recebem recomendações da igreja ou dos membros da organização; as juntas também moldam recomendações estratégicas para todos os membros considerarem. *Pensamento estratégico, planeamento e implementação são responsabilidades chave de uma junta governativa* que "governa diligentemente".

Reveja o Sigmóide modificado ou a curva "S". Compreender este ciclo é crítico para as juntas governarem a organização para um crescimento sustentado. A mudança é inevitável; os problemas surgem nas transições.

É a gestão adequada dos problemas e a mudança que irão determinar se esta organização e as pessoas nela serão bem-sucedidas.

A linha vertical do lado esquerdo na Figura 4.1 representa a linha de "crescimento". A linha horizontal no fundo da imagem representa a "linha de tempo" e pode representar semanas, meses ou anos. Se as organizações, incluindo igrejas, continuarem a funcionar como fizeram no seu início, o crescimento irá diminuir e o declínio irá começar. As iniciativas novas e a visão são necessárias ao longo da linha do tempo (A), mesmo que o crescimento esteja a acontecer! Senão, a igreja ou organização irá em breve planar ou eventualmente declinar (B)!

Este segmento de desenvolvimento foca-se na junta governativa do Seminário Teológico Nazareno da Ásia-Pacífico (STNAP). Em conjunto, a junta precisa de considerar questões como esta: Que *novas* iniciativas precisam de ser feitas para aumentar a influência e impacto da STNAP por toda a região e para *assegurar o crescimento contínuo* nas matrículas do seminário?

Recorde-se, a mudança é inevitável - a mudança em demografias, expectativas, economia, tecnologia, governo e educação - apenas para mencionar algumas. Problemas surgem nas transições. Como é que nos ajustamos aos factos, contexto e tendências que enfrentamos na comunidade em mudança, país ou região na qual trabalhamos e servimos?

Compreender as transições é importante para as juntas e para os membros ou líderes da junta. A "Curva Sigmóide" ajuda-nos a conceptualizar a inevitável mudança e as transições necessárias nas instituições de educação superior, igrejas locais ou organizações ministeriais com as quais servimos.

Questões adicionais a serem feitas pela junta governativa e pela liderança do seminário:

1. Será que os seminários de nível teológico passam por ciclos numéricos (e espirituais)? São os ciclos inevitáveis? Como é que essas escolas recuperam o impulso no meio dos ciclos?
2. Onde está o seminário no ciclo?
3. Qual deve ser o papel da junta e da liderança do seminário neste ciclo, particularmente nos pontos de transição?

Como gerimos as transições pode *facilitar* ou *descarrilar* a influência, o impacto e o crescimento de inscrições do seminário. Recorde-se da suposição de trabalho fundamental relativamente à minha perspectiva sobre as juntas de governo de organizações de fé, especialmente as igrejas locais e juntas de colégio ou de seminário.

> "Juntas fortes capacitam líderes missionais e visionários;
> Líderes fortes abarcam juntas apaixonadas e comprometidas."

As igrejas locais em crescimento, organizações ministeriais e escolas, como o Seminário Teológico Nazareno da Ásia-Pacífico, precisam de juntas fortes e eficazes de forma a identificar novas iniciativas e para criar uma visão fresca e relevante para o seminário. Caso contrário, o declínio será o resultado.

Juntas saudáveis envolvem os membros da junta. Fazem perguntas profundas, mas não tentam micro-gerir a organização. Respeitam o seu líder de organização ministerial, presidente de seminário ou pastor da igreja local. Como uma junta governativa effectiva, elas têm nomeado ou elegido líderes o mais fortes possível e que melhor *estejam prontos para a missão*. Esses líderes conhecem, comunicam, tomam decisões e submetem recomendações à junta com um compromisso com a precisão de um "raio laser" para a missão, visão e valores da organização. Eles têm ganho a confiança das suas juntas e trabalham em cooperação com elas.

Da mesma forma, líderes fortes "lideram" ao trazer à tona o melhor dos membros da junta, escutando-os e providenciando oportunidades significativas para se *envolverem* no processo de tomada de decisão. Esses líderes tomam tempo para processar questões que precisam de resposta e desafios que precisam de decisões. Eles guardam-se contra surpresas "intencionais" por membros ou líderes da junta. Esses líderes modelam um compromisso de comunicar uns com os outros e abordam situações de conflito como cristãos.

Quatro "Modos de Pensar"

Liderar e ser eficaz como junta governativa significa funcionar apropriadamente nos quatro modos de governo da junta: o modo

FIDUCIÁRIO; o modo ESTRATÉGICO, o modo REPRESENTATIVO e o modo REFORMULADO. Esses quatro modelos de pensamento e de governo podem ser brevemente resumidos como se segue:

Modo Fiduciário. A palavra "fiduciário" é um termo legal. O seu objectivo é assegurar a integridade legal e financeira da organização. Ser um fiduciário implica que a junta serve como um mordomo da missão, do futuro da organização e dos seus activos tangíveis. Este modo assegura que as auditorias apropriadas são feitas e foca-se em assuntos tais como os artigos de incorporação, estatutos, documentos de governo requeridos, folhas de pagamento e documentação de seguros, propriedade, ética e integridade, conformidade legal e financeira, actas da junta e clareza da missão.

Modo Estratégico. Neste modo de pensar, a junta serve como um parceiro de planeamento com o líder da igreja, colégio ou organização ministerial. Ser "estratégico" implica que a junta é pró-activa e intencional no planeamento a longo prazo para a organização. A junta não prepara necessariamente o plano estratégico para a organização, mas assegura que este existe e serve como um mapa para o futuro. Este modo foca-se na missão, visão, prioridades, iniciativas estratégicas, linha de tempo, funcionários e orçamento.

Modo Representativo. Este modo de pensar reflecte o pensamento dos proprietários morais da organização. O pensador "representativo" aprecia especialmente a herança da igreja, colégio ou organização ministerial. Este modo de pensar serve como "guardião" de valores na organização. Neste modo de pensar, a junta recorda porque é que a organização foi fundada e busca "conservar" o seu propósito de fundação. A história é importante para o modo "representativo".

Modo Reformulado. Este modo de pensar busca "reformular" o problema presente e "dar sentido" aos assuntos ao ligar os pontos. O "reformulador" tenta identificar a imagem ou assunto abrangente e busca servir como um formulador do problema. Frequentemente, este modo de pensar irá tentar re-imaginar a situação com implicações para o futuro. Pensar deste modo leva frequentemente a junta a reafirmar o problema presente num contexto maior.

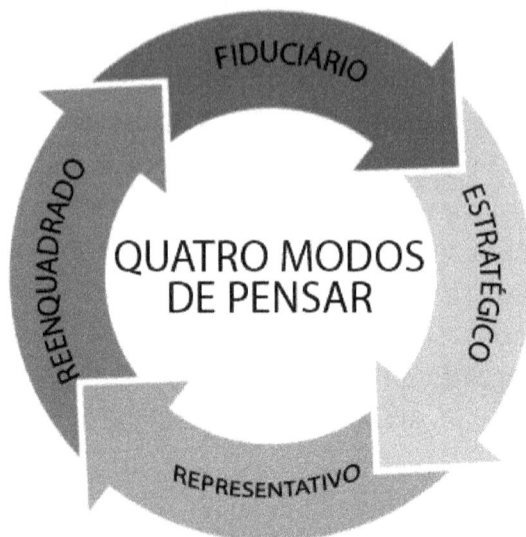

Figura 4.2. Quatro modos de pensar. © E.L. Fairbanks

Estou cada vez mais convencido que juntas saudáveis e maduras têm um equilíbrio na sua lista de membros entre os quatro modos de pensar (ver Figura 4.2) acerca do governo da junta: fiduciário, estratégico, representativo e reformulado. Quando as juntas são compostas por uma predominância de um destes quatro modos de pensar, a própria junta e a organização saem prejudicadas. A maioria de nós que serve em juntas gostaria de pensar que somos fortes em todas as áreas. Mas não é assim! A junta precisa de pessoas que são fortes em diferentes áreas para assegurar que o equilíbrio requerido para juntas saudáveis e maduras está presente. Preferimos servir com pessoas que pensam e agem como nós! Um sinal certo de uma junta forte é quando um membro diz ao outro: "Não percebo o que estás a dizer, mas acho que é importante e preciso de ouvir a tua perspectiva. Ajuda-me a compreender".

Na Figura 4.2, o modelo dos "Quatro Modos..." indica claramente o relacionamento cíclico desta forma de pensar nas reuniões da junta. É não linear por natureza. Podem surgir assuntos em qualquer uma das quatro áreas. No entanto, é importante que essas quatro dimensões, apropriadamente expressas com cortesia, cuidado e um compromisso com a precisão de um "raio laser" para com a visão da organização, tragam frequentemente o melhor na junta e providenciem uma resposta mais profunda e colectiva para o assunto em questão.

Isto significa que a junta tem a responsabilidade de governar e coordenar o seminário, organização ministerial ou congregação local pelo menos nas áreas de:

- Clareza de missão e visão
- Saúde financeira e posição legal
- Aprovação orçamental e supervisão
- Enquadramento do problema e "dar sentido" ao mesmo
- Consistência curricular
- Integridade doutrinal
- Bem-estar espiritual da congregação, da organização ministerial ou dos estudantes
- Pensamento estratégico, planeamento e supervisão de implementação

Vamos aprofundar ainda mais o assunto ao fazer várias perguntas adicionais:

1. Que *palavra* usaria para caracterizar esta junta?
2. Quais são as principais forças desta junta?
3. Qual é o *assunto mais crítico ou a maior preocupação* que esta junta está a enfrentar?
4. Que questão relacionada com a junta gostaria que fosse respondida durante a reunião da mesma?
5. Os *documentos legais* estão em dia e disponíveis para os membros da junta?
6. Quais são as três *grandes ideias* nas quais a junta se deveria focar durante os próximos três anos?
7. O que tem *mudado* significativamente na comunidade à volta do seminário, organização ou igreja local a que a junta se deve ajustar a fazer transições apropriadas?

Estas *grandes perguntas* só podem ser feitas e profundamente discutidas se a agenda da junta tiver sido intencionalmente desenvolvida. Cuide da agenda da junta! Os relatórios significativos são importantes, assim como os tempos necessários para discutir as grandes questões que a igreja, organização ministerial ou seminário está a enfrentar.

Não vire as costas a grandes perguntas. Cultive a disciplina de construir *perguntas que levam a pensar* - não apenas perguntas. Juntas fortes e eficazes fazem as perguntas *certas*. As sete perguntas acima são exemplos de perguntas básicas e contínuas que testam os grandes assuntos e ajudam a definir problemas reais.

As juntas governativas moldarão as perguntas específicas necessárias para um tempo e contexto em particular. As juntas podem não ter respostas imediatas para desafios fiduciários, estratégicos, representativos ou reformulados que estão perante elas. No entanto, elas devem ter as respostas correctas. E neste processo, elas, cada vez mais, "governam diligentemente".

Vida-útil e estágios de uma comunidade de fé. A mudança é inevitável; e igrejas, colégios, seminários e organizações ministeriais devem abraçar a constante mudança. Os problemas surgem nas transições. Como nos ajustamos aos factos, contexto e tendências que enfrentamos na comunidade ou país em mudança na qual trabalhamos e servimos?

Onde está "localizada" na curva a organização que serve? Note as "características" de uma comunidade de fé no final da Figura 4.3. Tome particular atenção às letras VCPMs. Onde estão elas mais fortes (representadas pelas letras maiúsculas)? E mais fracas? A visão, de facto, dirige novas congregações, igrejas, negócios e organizações ministeriais.

Robert Quinn explora o processo dinâmico da mudança profunda e as novas formas de pensar e agir. A mudança radical que ele coloca perante nós, à medida que as organizações que lideramos entram na sua "vida adulta", é "enfrentar a mudança profunda ou o dilema da morte lenta".[51]

É quando as coisas parecem ir bem (representadas pelas letras maiúsculas VCPM) que as comunidades de fé e as organizações ministeriais são tentadas a dizer: "Vejam até onde fomos, porquê mudar agora?". É com esta mentalidade que as organizações tendem a estabilizar, estagnar e a experimentar dúvida e incerteza. É precisamente nos tempos de crescimento que as novas iniciativas, nova visão e planos criativos precisam de aparecer.

Vida-útil e Estágios da Comunidade de Fé

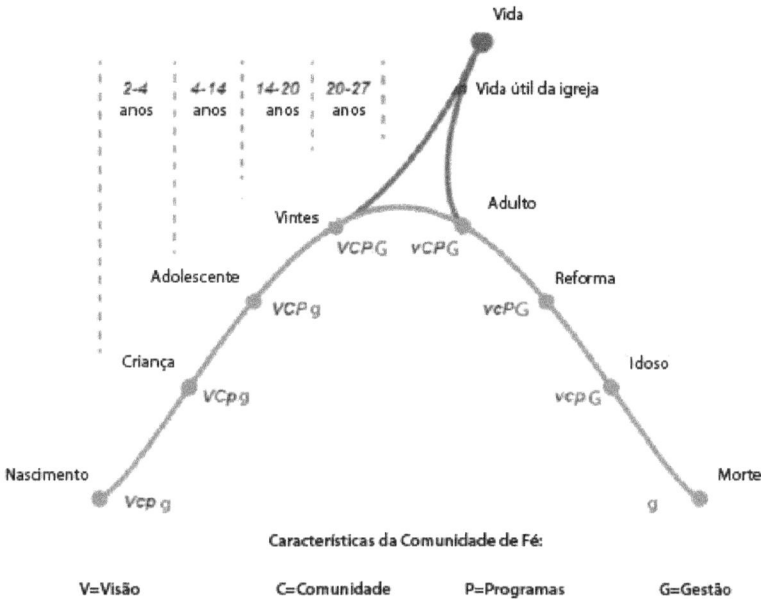

Figura 4.3. Vida útil e estágios de uma comunidade de fé. (Inspirado por Dale, 1981, páginas 15, 17, 19, 26, 115)

Se não surgirem, então, o declínio é inevitável. Quanto maior for o declínio, mais radical precisa de ser a intervenção necessária para experimentar uma nova vida e para continuar o crescimento como uma organização.

Jim Collins crê que o declínio pode ser evitado. Pode ser detectado e invertido. Ele revela cinco estágios do declínio:

Estágio 1: Arrogância Nascida do Sucesso

Estágio 2: Busca indisciplinada por mais

Estágio 3: Negação de Risco e Perigo

Estágio 4: Busca pela Salvação

Estágio 5: Capitulação para Irreverência ou Morte[52]

Ele crê que grandes organizações e empresas podem tropeçar e recuperar.

Juntas fortes e líderes fortes têm o potencial de guiar a organização a "quebrar" a rotina e, até em declínio, a descobrir novas abordagens para as novas realidades que a igreja, escola ou organização ministerial estão a enfrentar. Fazer boas perguntas é crítico para esta reviravolta.

Questões Estratégicas como Método

Esta secção constrói-se na suposição de que as juntas que se destacam moldam líderes efectivos e que os líderes que se destacam abarcam juntas fortes. A suposição requer que tanto o líder como a junta façam as perguntas *certas* uns aos outros. Apenas assim irá acontecer uma tomada de decisão estratégica.

Sinceramente, para que essa suposição funcione na relação líder/director, a *maturidade cristã e o respeito mútuo* são necessários. As convicções cristãs sobre liderar e ser liderado serão evidenciadas à medida que o processo de formulação de procedimentos e tomada de decisão das juntas é vivenciado.

Stone and Heen desafiaram os leitores a focarem-se na mudança de dentro para fora.[53] Eles crêem que os "gatilhos de relacionamento" podem ser os "descarriladores" mais comuns nas conversas de *feedback*.[54]

Igrejas locais e outras organizações cristãs esperam que os membros das juntas governativas *sejam maduros e cristãos profundamente comprometidos. Elas* merecem membros da junta que possam comprometer-se uns com os outros na junta e nos comités de aconselhamento com perguntas penetrantes acerca de trabalhar juntos eficaz e eficientemente pelo cumprimento da missão e visão.

É possível que as próprias *funções* das juntas possam nutrir relacionamentos transformadores, redentores e reconciliadores dentro da e entre os membros da junta.

Boas perguntas - perguntas honestas - primeiras perguntas. "O que é que os membros da junta fazem? Como é que eles fazem o que fazem? Como é que eles sabem o que devem fazer?"

Membros de várias juntas irão talvez responder a essas perguntas de forma diferente, dependendo da natureza da organização. Por exemplo, os membros da junta da igreja local irão responder de forma diferente dos membros de juntas de colégio ou de juntas de comunidades sem fins lucrativos, como a junta local YMCA ou a junta da comunidade de serviço organizacional.

Numa viagem de avião pelo país, aconteceu um debate sobre as juntas de organizações sem fins lucrativos. Um participante da conversa estava a ler um livro sobre o desenvolvimento de juntas. A outra pessoa era chefe de treino e oficial de desenvolvimento de uma grande empresa de seguros e oficial na junta governativa nacional para o treinamento e desenvolvimento profissionais. A líder sénior foi questionada: "Qual é a missão da junta governativa profissional na qual serve? Qual é a visão para a organização? Há um plano para a organização nacional que foi aprovado pela junta governativa?"

Esta pergunta originou um debate fascinante até que o avião aterrou numa cidade principal da Costa Ocidental. A líder sénior não conseguia referir a missão ou definir a visão da organização. *Não* havia plano estratégico. Ela quis uma cópia do livro sobre o desenvolvimento da junta!

Os membros da junta sabem e comunicam a missão, visão e valores da igreja, escola ou organização sem fins lucrativos. Eles apresentam boas questões que levam a procedimentos fortes e à tomada de decisão com um compromisso "raio laser" para com a missão, visão e valores da organização.

Juntas fortes e eficazes pensam e trabalham em quatro modos de governo. Vamos rever:

Responsabilidade #1: Fiduciária. A responsabilidade fiduciária requer que juntas façam perguntas apropriadas em momentos críticos na vida da congregação. Perguntas como "É necessária uma campanha de angariação ou grandes doações e consultores de angariação de recursos treinados e contratados para orientar a junta através do projecto estratégico?"; "Existe um orçamento operativo realístico?"; "Os recursos são sabiamente usados?"

As responsabilidades fiduciárias asseguram que a integridade legal e financeira é mantida. Os resultados são monitorizados? São feitas as diligências devidas? As juntas de colégio, por exemplo, exercitam a sua responsabilidade fiduciária pela saúde financeira, integridade académica do colégio e bem-estar espiritual dos estudantes e dos funcionários que trabalham na escola. Estas são questões de liderança da junta.

Responsabilidade #2: Estratégica. Este modo de pensar requer um relacionamento íntimo de trabalho com o pastor, equipa de funcionários, congregação e a junta ou o paralelo apropriado nas organizações ministeriais. Como é que o plano é formado, comunicado e modificado? Somos pró-activos e intencionais no plano estratégico? O orçamento operante reflecte as prioridades do plano estratégico adoptado pela junta?

Responsabilidade #3: Representativa. A mentalidade representativa está enraizada nos valores, tradições e crenças da igreja local, escola ou organização. Os problemas são falados à luz da herança da instituição. Será que este programa reflecte os valores da denominação? Por exemplo, "Como é que esta despesa facilita o fazer discípulos semelhantes a Cristo na nossa comunidade? Como é que o *ethos* do colégio é comunicado através dos programas académicos? As decisões estão a violar os valores do colégio?". As organizações da comunidade enquadram questões paralelas apropriadas.

Os membros da junta são representativos de duas maneiras. Eles trazem assuntos da lista mais alargada de membros da organização ao líder e reforçam a missão e visão da liderança e da junta para uma lista de membros mais alargada.

Responsabilidade #4: Reformulação. Este modo de pensar busca *reformular* o problema presente. "Qual é a pergunta *real*?"; "Qual é o grande assunto com o qual estamos a trabalhar?" Este modo de pensar tenta re--imaginar a situação com implicações para o futuro. Pensar deste modo frequentemente compele a junta a restaurar o problema presente.

Os membros da junta apresentam *boas* questões que levam a procedimentos fiduciários fortes, representativas e reformuladas e a tomadas de decisão com um compromisso resoluto para com a missão, visão e valores da organização.

As perguntas de formulação do problema e as que visam dar sentido ao mesmo abordam preocupações legais, de planeamento e restauradoras da comunidade de fé pela qual a junta é responsável. Essas perguntas capacitam a junta a dar um sentido aos assuntos que se encontram perante ela e a enquadrar os problemas de formas que trazem foco e intenciona-lidade às discussões.

Perguntas visionais que nos ajudam a identificar assuntos e a clarificar o propósito missional da igreja local são similares às perguntas funda-mentais do jornalista em qualquer reportagem: quem, o quê, onde, quan-do e como. Feitas de outra forma, são estas questões:

- Quem somos nós?
- Onde estamos?
- Para onde vamos?
- Como chegaremos lá?
- Porque é importante chegar lá?
- Como saberemos quando é que vamos lá chegar?
- Qual é o assunto real?
- Qual é a pergunta ESSENCIAL?

Quando juntas de educação nacional e agências de acreditação regio-nal visitam colégios e universidades para rever e avaliar as instituições e/ou áreas específicas de programa académico, elas fazem as perguntas certas. Apesar de feitas de forma diferente por vários avaliadores, as per-guntas giram em torno destas categorias de inquéritos:

1. **Declaração de Missão:** Tem a sua escola uma declaração de missão que seja conhecida, confessada e repetida? É ela o filtro através do qual cada procedimento e decisão é passada? Há alguma evidência esmagadora da ligação entre a missão, governo e programas?

2. **Recursos:** Tem organizado os recursos para cumprir a missão? Tem um orçamento operacional equilibrado que é dirigido para a missão? São os recursos humanos e financeiros dedicados a equi-pas de missão e programas críticos?

3. **Acompanhamento e Avaliação:** Está a cumprir a sua missão? Qual é o seu produto? Qual é a qualidade de estudantes que produz?

4. **Suster o crescimento:** Está a organizar os recursos para continuar a cumprir a sua missão? Tem um plano para sustentar e desenvolver os recursos financeiros necessários para a escola cumprir a sua missão?

Proteger a agenda. Molde a agenda da junta apropriadamente para receber relatórios do comité. A agenda da junta deve ser desenvolvida intencionalmente ao planear tempo significativo durante as reuniões da junta para discussões, regulares e com propósito, de perguntas chave. Algumas juntas estruturam as suas reuniões à volta de três grandes categorias: informação, discussão e decisão.

As questões para discussão são referidas na forma de uma *pergunta*. Esta disciplina ajuda a focar a discussão nas questões reais a serem consideradas.

Boas perguntas podem levar a um forte companheirismo sinergético entre a junta e o pastor, líder da escola ou da organização. Os membros da junta discutem vigorosamente opções governativas, tomam decisões *dentro* das reuniões de junta e comunicam acções da junta *fora* das suas reuniões com uma voz *unificada*. Este tipo de relacionamento é como um bom casamento. É baseado no respeito, confiança, compromisso mútuos e comunicação efectiva... e boas perguntas feitas dessa maneira. Questões como:

1. Como definiremos o *ethos* da nossa igreja local ou organização?
2. O que pensamos ou sonhamos acerca da igreja ou escola?
3. O que aprendemos de maior valor este ano?
4. O que estamos a ouvir que o pastor ou os administradores da escola/organização precisam de ouvir?
5. O que nos devia preocupar como igreja local, colégio cristão ou organização ministerial?
6. O que é o sucesso - tendo em conta a nossa missão, visão e valores congregacionais ou institucionais? Que resultado desejamos? Qual é o objectivo final?
7. Quais são as preocupações que tem ouvido expressas acerca da junta governativa?
8. O que está a acontecer?
9. O que precisa que eu faça, para ser mais eficiente como seu líder?
10. Que questões precisamos de fazer para melhor compreender o abrangente problema que estamos a enfrentar?

Quando são envolvidas nestas questões ou tópicos, as juntas são libertadas de assuntos *não substantivos*. As perguntas importantes são feitas e discutidas profunda e honestamente e em oração. É desenvolvida uma forte ligação entre o pastor/líder e a junta. Existe menos micro-gestão e mais macro-gestão, mais liderança e menos gestão.

O resultado é uma fusão de pensamento. Tanto o líder como a junta estão próximos. Ambos aceitam uma maior medida de responsabilidade por decisões governativas. As reuniões da junta são mais substantivas e focadas nas estratégias necessárias para a implementação da missão e da visão ao contrário do enfadonho trabalho de apenas gerir a organização.

Juntos, formam novas direcções para o futuro em oposição a permanecer no passado. Abordem honestamente problemas significantes. Foquem-se nas soluções. Tomem decisões e assegurem-se da sua implementação. Alinhem resultados. Criem planos de acção em consulta com o líder/pastor. Tanto o líder como o pastor da junta são energizados à medida que se movem na mesma direcção.

Questões estratégicas em situações de crise. O filósofo e educador John Dewey acreditava que um problema bem definido era um problema meio resolvido. Por outras palavras, trabalhe para clarificar o problema ou assunto *real* que está a criar a má compreensão.

As crises por vezes surgem dentro da vida de uma congregação ou organização ministerial. Fazer boas perguntas é essencial para que essas situações de crise sejam abordadas de forma apropriada, para que os relacionamentos dentro da junta amadureçam e para que o trabalho da junta seja eficaz. Líderes fortes não têm medo das perguntas difíceis da junta e para a junta durante esses tempos de crise - perguntas que olham para trás, avaliam o presente e antecipam o futuro.

Perguntas relacionais que precisam de ser feitas. Quando pensa nas pessoas com quem trabalha na junta, quais são as que tem mais dificuldade em aceitar? Que tipos de pessoas são mais difíceis, para si, aceitar? Porque é que acredita que assim o é? Como é que pensa que Deus vê essa pessoa - essas pessoas? Como é que a sua resposta afecta o seu próprio relacionamento com Deus?

Pastores, líderes de escolas e directores de organizações normalmente trabalham com as suas juntas governativas na tensão criativa e que produz crescimento no momento de segurar uma visão para o futuro, enquanto seguram também com firmeza as realidades do presente. Isto inclui os membros da junta que diferem e frequentemente colidem com o líder. No *processo* de trabalhar dentro desta tensão, *o líder e a junta podem experimentar o trabalho transformador, redentor e reconciliador de Deus nos seus relacionamentos.* Que poderoso testemunho para os crentes e não crentes!

Reflictam nestas lições *práticas* enquanto trabalham juntos como junta aplicando isto: "Recebei-vos uns aos outros, como também Cristo nos recebeu para glória de Deus" (Romanos 15:7).

1. Pessoas boas e devotas a Deus frequentemente vêm as coisas de forma diferente.

2. Muitos assuntos sobre os quais experimentamos conflito são baseados na cultura, etnia, comunidade local, família e não numa violação das Escrituras.

3. As diferenças que nos dividem têm o potencial de alienar os membros do corpo de Cristo e de impactar negativamente a obra de Deus actual e percebida.

4. Respeitar aqueles que diferem de nós é amá-los como Deus os ama.

5. Aceitar os outros implica que podemos aprender deles.

A grande questão é esta: como é que podemos *amadurecer* à semelhança de Cristo e cada vez mais reflectir uma aceitação de outros (Romanos 15:7) dentro da comunidade de fé que servimos, à medida que funcionamos com integridade e graça como uma junta governativa?

Construam perguntas que os façam pensar - não apenas quaisquer perguntas. Cada junta irá formar perguntas específicas necessárias para um tempo e contexto em particular. As juntas podem não ter respostas imediatas para os desafios fiduciários, estratégicos, representativos e reformulados como junta governativa. No entanto, devem ter as respostas certas.

Planeamento Missional como Método

Ao longo dos anos tenho vindo a ver que é melhor trazer os meus melhores pensamentos para a junta (ou comité) e buscar o seu envolvimento no desenvolvimento futuro do plano. De facto, o plano irá provavelmente mudar, mas também será melhorado.

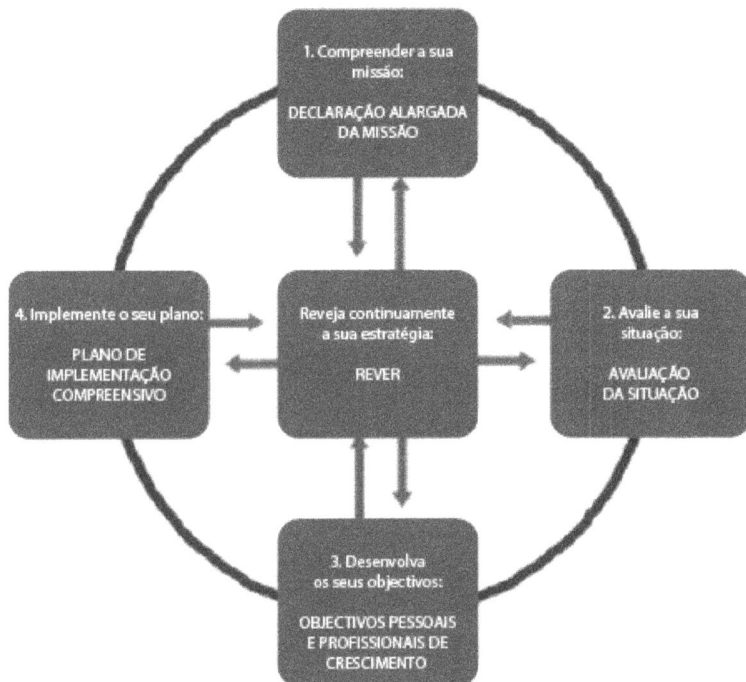

Figura 4.4. Modelo Cíclico de Planeamento. © E.L. Fairbanks

O modelo cíclico de planeamento (Figura 4.4) coloca a componente de planeamento "Revisão" no centro do processo. É sempre apropriado buscar *feedback* à medida que o líder luta para clarificar a missão da organização, avaliar a situação, desenvolver objectivos apropriados e desenvolver uma estratégia de implementação. Juntas saudáveis não hesitam em rever governos, planos e programas do passado, incluindo programas de desenvolvimento de fundos, que talvez estavam em uso em anos anteriores. Não esteja paralisado ou insensível relativamente a lugares ou programas actuais que precisam de ser revistos de forma a irem para um novo nível de eficácia e sustentabilidade organizacional.

Um plano aprovado de três anos da junta deve incluir os componentes na Figura 4.4. com a entrada de várias partes interessadas e com o máximo de detalhe possível.

Um plano missional providencia a líderes e juntas a base para responder com um enfático "sim" ou um lamentável "não" quando são feitas sugestões de novas direcções para a igreja ou organização. A missão e visão são chave. Fique focado nelas. Boas ideias podem ser rejeitadas porque não se encaixam no plano estratégico da igreja local, distrito ou organização ministerial.

Fluxo do processo de avaliação da situação. Nestas ou noutras áreas de responsabilidade, a junta é uma companheira vital de planeamento do pastor/líder. Juntos, movem-se da visão para a acção e da acção para resultados com uma visão clara, humildade profunda e resolução intensa. Considere usar um modelo de planeamento estratégico à medida que, em espírito de oração e com convicção, começa a mover-se da visão para a acção e da acção para os resultados (ver Anexo C).

Não despreze a importância crítica de sistematicamente avaliar a situação onde a sua igreja local ou organização ministerial está localizada. A Figura 4.5 capacita o líder a fazer perguntas chave relativamente ao contexto da organização.

Planear estrategicamente compele líderes e seguidores a focarem-se intencionalmente com um intenso compromisso para com a missão e visão da congregação e organização. O planeamento estratégico não é exclusivamente uma estratégia de "implementação". Em vez disso, o ponto de início ao planear estrategicamente é clarificar e adoptar a missão, visão e valores com a junta a quem o líder presta contas. Clarifique as "forças motrizes" essenciais. Busque compreensão. Defina iniciativas estratégicas e objectivos. Inclua necessidades da equipa. Inclua finanças e cronogramas. Tente que a junta tome posse do plano. A ideia chave é que o plano missional esboce em detalhe as estratégias pelas quais a igreja ou organização irá alcançar a missão e realizar a visão.

Discutimos brevemente no capítulo anterior a importância de estabelecer objectivos de crescimento. Recorde que os objectivos de crescimento são declarações de fé para o líder cristão que expressam claramente o

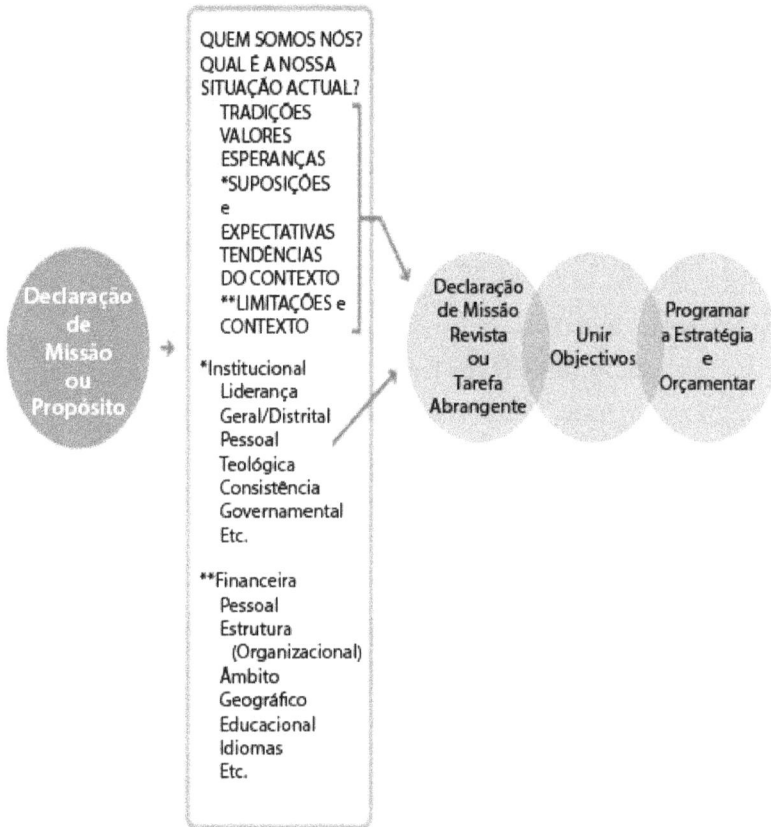

Figura 4.5. Fluxo do processo de avaliação da situação. (Modificado por E.L.Fairbanks)

que acreditamos que Deus irá fazer através de nós. Objectivos são sonhos com um prazo determinado.

> *Feliz é a pessoa que sonha grandes sonhos inspirados por Deus, que toma o tempo necessário para avaliar a situação ou o contexto, define objectivos apropriados para alcançar os sonhos e que está disposto a pagar o preço para ver esses sonhos tornados realidade.*
>
> Edward LeBron Fairbanks

Auditoria legal e de programas. Há recursos e modelos disponíveis para assistir o líder à medida que é mentor e guia a congregação e a junta para a eficácia de ministério e missão. O projecto APEX é um exemplo excelente dos numerosos recursos disponíveis através das sedes denominacionais, organizações paralelas à igreja e empresas designadas para assistir organizações sem fins lucrativos e igreja locais.[55]

O projecto APEX capacita líderes de educação superior, directores de organizações, pastores e membros de junta para conduzir *auditorias legais e de programas* nas escolas, empresas ou igrejas que lideram nos Estados Unidos. (Adapte conforme necessário para o usar fora dos Estados Unidos.)

Categorias incluídas:

I. Lista da Documentação Legal

II. Missão/Visão/Valores/Planeamento Estratégico

III. Desenvolvimento da Junta

IV. Contabilidade Financeira

V. Desenvolvimento de Fundos

VI. Recursos Humanos

VII. Desenvolvimento do Programa

VIII. Capacidade Organizacional

IX. Prioridades para Construção de Capacidade

Por exemplo, para a categoria de "Documentação Legal", numa escala de 1 a 4, o líder identifica o nível de conformidade da organização em áreas como:

I. Artigos de Incorporação

II. Estatuto Social

III. *501 (c3) Status* [estatuto legal que isenta organizações sem fins lucrativos de pagar impostos] (EUA)

IV. Documentação de folha de pagamento

V. Formulário IRS 990 (EUA)

VI. Assessoria Jurídica/Financeira de Seguros

VII. Agente registado e endereço de contacto actual

Com certeza que nem todos os itens identificados na categoria "Documentação Legal" se irão aplicar igualmente a todas as organizações sem fins lucrativos. Alguns estados podem requerer informação adicional da organização. No entanto, o projecto APEX é um excelente começo para uma auditoria legal e de programa.[56]

Creio que achará o projecto APEX uma ferramenta útil para organizações baseadas na fé ou organizações não governamentais e sem fins lucrativos que querem avaliar a sua eficácia organizacional e a sua oportunidade de desenvolvimento. O instrumento também ajudará organizações a identificar áreas de capacidade organizacional e dar prioridade a áreas que precisam de fortalecimento.

O instrumento de DIAGNÓSTICO BoardServe (Anexo D) é uma ferramenta benéfica e pode ser usada como uma alternativa ao projecto APEX para conduzir uma auditoria legal e de programa nas suas igrejas locais.

Planeamento Missional e avaliação da junta. Juntas saudáveis e maduras incluem desenvolvimento e avaliação sistemáticos da junta como uma componente essencial do seu planeamento missional. Para o desenvolvimento da junta ser efectivo, as juntas (a) fazem do desenvolvimento da junta algo intencional; (b) focam-se nas necessidades sentidas da junta; (c) incluem o desenvolvimento da junta como uma prioridade da sua agenda; (d) utilizam capítulos de livros e *links* para vídeos para ajudá-las; (e) acham as opiniões necessárias para ajudá-las em áreas-chave, dentro da congregação, com cristãos em outras congregações, líderes de negócios e governamentais ou com organizações sem fins lucrativos.

Não despreze o processo periódico de uma avaliação da junta. Há modelos disponíveis que se devem encaixar na junta e contexto específicos. Pode modificar a Pesquisa de Avaliação da Junta (Anexo E) para se encaixar na sua junta ou congregação/organização em particular. Responder a essas perguntas irá providenciar à junta algumas respostas para crescimento e desenvolvimento. Contrate um consultor, se necessário, para fornecer orientação à junta ou à congregação enquanto trabalha no processo, avalia resultados e estabelece um plano de acção para o desenvolvimento da junta.

O Anexo E é semelhante ao instrumento de diagnóstico do BoardServe mas é diferente da tentativa da junta de avaliar a sua própria eficácia e eficiência antes de pedir à congregação mais alargada ou aos membros para a avaliar.

Tanto os membros como os líderes da junta, incluindo pastores, completaram o inquérito anterior nas sessões em que estivemos juntos e entregaram o instrumento ao consultor. A informação é usada para planear as sessões da noite relevantes às suas questões e necessidades específicas. A pesquisa providenciou feedback significativo, quando o consultor tentou avaliar a brecha entre as percepções dos membros da junta e as do líder da junta.

Revisão do líder. A prestação de contas também inclui o líder ser revisto periodicamente e especialmente antes de uma votação para renovação. Da minha própria experiência com o comité de uma junta, reconheço que essas ocasiões têm o potencial de gerar alguma ansiedade. Ainda assim, a nossa abordagem para com a pessoa revista deve sempre ser de esperança: para fortalecer a eficácia geral e aumentar a eficiência em tarefas específicas de trabalho; para definir objectivos de desenvolvimento pessoal e profissional; e para o desenvolvimento espiritual e novas e melhores oportunidades ministeriais como resultado de serviço. Tanto como indivíduos e como comunidade, esses tempos são necessários e valiosos para cultivar o nosso compromisso para a excelência para Cristo (Colossenses 3:23).

Ao rever o presidente do colégio antes da votação da junta para extensão do seu contrato, uma junta de colégio reviu o presidente utilizando a Revisão de Eficácia do Líder (ver Anexo F). Com outros colégios, organizações ou congregações, o título usado para o líder é mandatado em instituições de estatuto social. Modificações deste modelo estão disponíveis e devem ser adoptadas para ir de encontro à organização, junta ou líder que está a ser avaliado ou a fazer a avaliação especificamente.

O sr. James LaRose fundou o National Development Institute em 1991, para nutrir e influenciar a filantropia, fornecendo a financiadores e organizações a pesquisa e a educação para o desenvolvimento de capacidades, para avançar as missões das organizações que servem. O sr. LaRose expandiu o seu sonho original para providenciar a conselheiros/consultores e organizações sem fins lucrativos o conhecimento profissional para angariar ofertas o mais generosas possível para educação, cuidado de saúde, bem-estar humano, artes, ambiente e para o ministério da igreja local e missão.

O Principal Modelo de Aumento de Oferta. O Principal Modelo de Aumento de Oferta é impressionante no seu âmbito e também nos recursos de líderes para implementação do sistema em organizações sem fins lucrativos de qualquer tamanho.[57] Numa recente conferência do Modelo de Aumento de Oferta no campus da Universidade Nazarena de Mount Vernon, o Sr. LaRose explicou o modelo (Figura 4.6), que está aqui incluído com a permissão do NDI (Anexo G).

O fundador e director executivo do National Development Institute relembrou os executivos das organizações sem fins lucrativos e os seus membros da junta que as organizações sem fins lucrativos têm dois negócios: (1) providenciar um serviço; e (2) gerar a receita necessária para providenciar o serviço. O tema da conferência focou-se em capacitar essas organizações a aumentar significativamente a receita necessária para alcançar as suas missões organizacionais.

Fiquei impressionado com o modelo de Aumento de Oferta desenvolvido pelo sr. LaRose e ensinado por ele e pelo seu corpo docente em conferências de desenvolvimento nacional. O seu objectivo não era apenas equipar juntas, executivos, equipas e voluntários de organizações sem fins lucrativos com o treino para implementar campanhas de angariação do capital requerido para sustentar a missão e visão de uma organização, mas, também, assisti-los ao longo de uma abordagem muito estruturada para completar, com sucesso, iniciativas de captação de recursos. Sendo a palavra-chave "equipar", ele não viu apenas a necessidade e teve um sonho de como abordá-la, mas também desenvolveu uma estratégia compreensiva e um plano de implementação para ir da visão à acção e da acção para os resultados.

Figura 4.6. O Principal Modelo de Aumento de Oferta. Reimpresso com permissão (ver Anexo G).

O meu segmento na conferência foi a apresentação "'Cinco Aspectos 'não-negociáveis' para a Saúde da Junta e Desenvolvimento de Fundos". O foco estava no desenvolvimento organizacional e da junta como algo essencial para uma maior oferta para a organização. Quanto maior é o

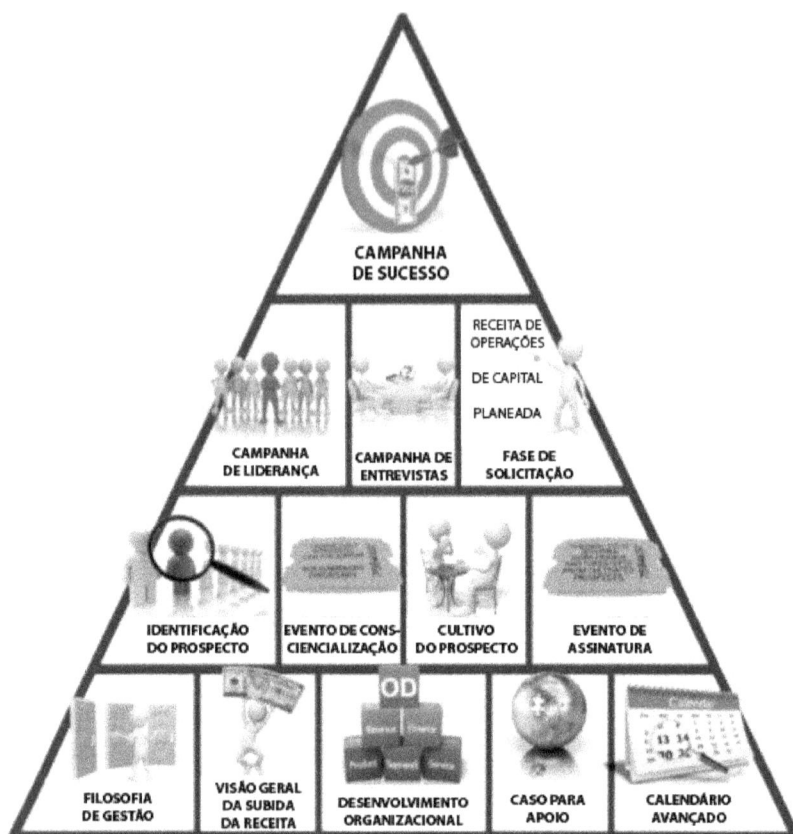

Figura 4.5. Fluxo do processo de avaliação da situação. (Modificado por E.L.Fairbanks)

desenvolvimento organizacional, incluindo juntas fortes e eficazes, mais fácil é construir um caso *atractivo* para apoiar a organização.

Aspectos não-negociáveis para a Saúde da Junta e Desenvolvimento de Fundos

A apresentação "Saúde da Junta e Desenvolvimento de Fundos" centrou-se em componentes chave neste capítulo. Juntas saudáveis e maduras:

1. **Conhecem aquilo que é básico.** Os membros da junta compreendem os essenciais do papel, propósito e função da junta. Eles focam-se na formulação do governo e da missão estratégica, não em operações e implementação diárias. Essas juntas sabem que uma junta governativa (a) supervisiona a missão; (b) desenvolve uma

visão partilhada; e (c) molda o futuro da organização. A sua responsabilidade número 1 é *seleccionar* o melhor director executivo possível para a organização; e a sua segunda responsabilidade é assegurar a prestação de contas da organização... ao governo, aos proprietários morais da organização; e providenciar a prestação de contas *ao(s) líder(es)*.

2. **Fazem as perguntas "certas".** Nutrem uma cultura de perguntas motivadas pela missão e pela sustentabilidade. Questões como *"Quem somos nós?* Qual é a nossa missão, visão e valores? *Onde estamos?".* Estas questões não se referem a uma localização no mapa, mas à vida útil da organização. *Para onde estamos a ir* (se continuarmos a fazer o que temos feito)? *Onde poderemos ir* (com uma visão inspirada pelo Espírito e uma junta unificada)? *Porque estamos a ir "para ali"?* Qual é a nossa motivação para o crescimento? *Quanto tempo demoraremos a chegar lá?* Quais são os recursos espirituais, humanos, financeiros necessários? Como saberemos que lá chegámos? O que é que tem mudado significativamente na comunidade e como é que a junta precisa de se ajustar e fazer transições apropriadas? *Qual é aquela coisa,* que se não a observarmos desde cedo, *poderá criar-nos sérios problemas num futuro próximo?* Que novas opções geradoras de receitas nos estão disponíveis que aumentem significativamente a receita? *Como é que o modelo MGRU para o desenvolvimento de fundos impacta a nossa organização?*

3. **Comunicam com cortesia em situa**ção de conflito. Colisões acontecem relativamente à visão, valores, tradições, planos, programas, etc. Membros de junta saudáveis e maduros discutem vigorosamente sobre opções governamentais e tomam decisões dentro das reuniões da junta. Uma vez que as decisões são tomadas, comunicam a acção da junta fora da reunião com voz unificada - sem que relatórios "minoritários" sejam permitidos. Conversas confidenciais são mantidas confidenciais. Decisões da junta são aceites. E, os membros da junta fazem o que disseram que fariam e não fazem o que disseram que não fariam. É em situações de

conflito que reflectimos sobre o nosso carácter. As nossas reacções caracterizam-nos no nosso melhor e condenam-nos no nosso pior.

4. **Adoptam a avaliação antes das decisões da junta, à luz das realidades presentes.** Juntas saudáveis revêem e reexaminam, se necessário, a tomada de decisão na formulação de estratégias de desenvolvimento financeiro e organizacional. Líderes organizacionais tendem a crer que têm de ter um "plano" perfeito para o novo programa de desenvolvimento de fundos antes de o apresentar às suas juntas. Então, quando uma nova perspectiva olha para o plano e vê falhas, fraquezas ou grandes perguntas sem respostas, o líder sente-se ofendido como se dissesse: "Como pode dizer isso? Só agora viu o plano, mas estive a trabalhar nele durante semanas (ou meses)!".

5. **Ligam a tomada de decisão da junta à construção de capacidade e sustentabilidade organizacional.** Mapeie um atractivo CASO PARA SER APOIADO com procedimentos da junta voltados para o futuro. É importante ter um *manual* actualizado do governo da junta. Deve citar claramente de forma organizada e compreensível, os procedimentos aprovados pela junta para o processo efectivo de governo legal, financeiro e político e procedimentos para a organização. Um manual actualizado protege a junta de reacções "instintivas", acções erradas e inconsistentes e estratégias deficientes de tomada de decisão. *Um* manual do governo ou um manual da organização inclui procedimentos da junta e procedimentos num caderno, que é fornecido a cada membro da junta e é actualizado depois de cada reunião da mesma.

Novas juntas podem começar por desenvolver os seus estatutos de governo. Juntas mais antigas podem garantir que os seus estatutos são actuais. Quando os estatutos estiverem actualizados, comece a juntar os procedimentos da junta de uma forma organizada.

O dinheiro segue uma visão e plano bem articulados e aprofundados. As pessoas também fazem ofertas a organizações onde a integridade, credibilidade, honestidade, mordomia, consistência e comunicação são mais do que *slogans* da organização. Em vez disso, a junta vive essas qualidades em e através das suas decisões para a organização. Elas tomam decisões com um compromisso aguçado para com a missão, visão e valores da organização.

O manual do governo da junta. O manual pode ter poucas páginas, como quatro, mas não mais do que 16 a 20. O manual do governo da junta no Anexo H esboça todas os procedimentos permanentes ou em andamento pela Junta de Governo da organização, congregação ou instituição.

Comunidade Robusta como Método

"Melhor é serem dois do que um, porque têm melhor paga do seu trabalho. Porque se um cair, o outro levanta o seu companheiro; mas ai do que estiver só; pois, caindo, não haverá outro que o levante. Também, se dois dormirem juntos, eles se aquentarão; mas um só, como se aquentará? E, se alguém prevalecer contra um, os dois lhe resistirão; e o cordão de três dobras não se quebra tão depressa" (Eclesiastes 4:9-12).

Outra pergunta significativa que precisamos de fazer a nós mesmos como líderes de comunidades de fé é: que importância tem a comunidade que lidero em *moldar-me* como líder em acção, assim como em palavra, título ou posição? Lembre-se do "leão" presente dentro do mármore!

Esta pergunta recorda-nos da relação entre a visão clara e profunda humildade e a disciplina de escutar os outros na comunidade que lideramos. A humildade exige escuta intensa, que é muito mais do que permitir que o outro fale enquanto esperamos por uma oportunidade para responder.

Nouwen afirmou isso poderosamente: "A beleza de escutar é que aqueles que são escutados começam a sentir-se aceites, começam a tomar as suas palavras de forma mais séria... Escutar é uma forma de hospitalidade espiritual na qual convidamos estranhos a tornarem-se amigos... Os verdadeiros ouvintes não têm mais a necessidade interior de tornar a sua presença conhecida. Eles são livres de receber, de dar as boas vindas, de aceitar."[58]

Escutamos o que é dito e o que não é dito. Não há necessidade de nos mostrarmos com discursos, argumentos ou interrupções. Observamos a linguagem corporal. Escutamos discernimentos de irmãos e irmãs em Cristo que nos ajudam a rever uma visão, plano ou programa e a melhorá-los. Mais uma vez, o grupo - individualmente e colectivamente - a quem é pedido que adopte a visão e a partilhe na implementação, deve tomar posse dessa visão.

Será bom voltar ao Capítulo Dois por alguns minutos e ler a passagem bíblica e o comentário sobre Efésios 4:25: "Por isso deixai a mentira, e falai a verdade cada um com o seu próximo; porque somos membros uns dos outros".

A colaboração é confusa... mas é exigida! Há alguns anos atrás, tive o privilégio de falar a um grupo de educadores da Igreja do Nazareno em Joanesburgo, na África do Sul. Foi a primeira Consulta sobre o Desenvolvimento Global do Corpo Docente da denominação. Educadores nazarenos passaram uma semana juntos a estudar as possibilidades de uma academia para a educação internacional.

A minha parte no programa da conferência era liderar duas sessões sobre colaboração institucional. O título da minha apresentação era "Colaboração Institucional como Estratégia Académica." Abordei a necessidade de estratégia intra e inter-institucional como fundamento para a denominação "maximizar o acesso" aos abundantes recursos das instituições educacionais da Igreja do Nazareno por todo o mundo.

Foi uma experiência maravilhosa para mim. Fiz muitos amigos à volta do mundo. No entanto, algo aconteceu quando estava lá. O meu propósito era ajudar outros educadores. Dei por mim a fazer perguntas difíceis acerca da minha auto-gestão e do meu carácter de liderança na MVNU, do nível a que modelava uma comunidade robusta e da colaboração intencional que eu mesmo *pregava*. Questionei-me acerca de integridade pessoal. Estaria o processo estratégico que eu pensava estar a patrocinar na MVNU a cair em ouvidos moucos? Se sim, porquê?

Voltei ao campus da universidade determinado a partilhar com o corpo docente e equipa o meu "momento da verdade" para esboçar alguns passos específicos para tomarmos juntos e para pedir à comunidade do campus para me manter fiel na prestação de contas. Se a confiança é a base da liderança efectiva, então, *eu preciso de ser a mudança* que busco no corpo docente e na equipa da MVNU, antes da colaboração institucional se tornar uma forma de vida no nosso campus.

Deixe-me resumir o que disse aos educadores em Joanesburgo e identificar algumas questões que, subsequentemente, fiz ao corpo docente e equipa da MVNU acerca dos nossos relacionamentos. Sugeri que cada organização precisa de um "patrocinador" para o processo colaborativo, se o objectivo for que a parceria ou colaboração sejam uma forma de vida para a instituição e não apenas um jogo intelectual. Apresentei algumas lições aprendidas acerca da colaboração.

1. Usar a colaboração para gerir a mudança é desafiador.
2. O sucesso exige uma visão clara e uma necessidade sentida.
3. A comunicação regular é a cola para a colaboração.
4. É necessário uma liderança activa, comprometida ao nível administrativo sénior e uma junta informada e de base ampla.
5. Quanto maior for a confiança e comunicação, mais rápido e mais profundo é o benefício.
6. A colaboração institucional deve tornar-se uma estratégia institucional.

Antes de acabar a apresentação, fiz algumas observações usando citações que lhes tinha incluído num livreto distribuído ao grupo. No entanto, à medida que falava para ELES, dei por mim a falar comigo mesmo. Eu queria sinceramente aumentar o nível de envolvimento e confiança entre a administração e a comunidade de funcionários do campus. O poder de três (ou mais), como afirmado em Eclesiastes, é uma imagem poderosa e um conceito necessário para uma organização, instituição ou igreja que esteja a procurar adoptar uma comunidade robusta e colaboração intencional como estratégia. De facto, a comunidade robusta e a colaboração intencional deve reflectir-se na estratégia de implementação. Esta é a minha paixão e irá apenas acontecer se intensamente crermos, tal como Helen Keller (como citado em Lash, 1980):

"SOZINHOS PODEMOS FAZER MUITO POUCO,
JUNTOS PODEMOS FAZER MUITO" (PÁGINA 489).

Mais especificamente, voltei à MVNU e partilhei com a comunidade do campus oito compromissos de "edificar a comunidade" aos quais me comprometi à medida que continuava a liderar a universidade. Incluídos na lista de oito, estavam os seguintes dois:

Quero afirmar e valorizar cada um de vós como irmãos e irmãs em Cristo que escolheram trabalhar na MVNU como uma chamada vocacional.

Irei trabalhar de perto com um destacamento especial específico e com a comunidade do campus, durante os próximos dezoito meses, para simplificar as estruturas administrativas e de tomada de decisão. O objectivo é ajudar-vos a não vos inibir de alcançar as vossas responsabilidades vocacionais e a realizar os vossos objectivos ministeriais na universidade.

Partilhei com a comunidade do campus o provérbio do povo *Kikuyu* de África:

QUANDO OS ELEFANTES LUTAM, É A RELVA QUE SOFRE.

O provérbio significa que quando o povo em poder (os líderes) luta, são os *leigos* que se magoam. Queria capacitar e apoiar o corpo docente e a equipa, e ainda assim, questionei se a estrutura presente facilitava ou inibia as bases da universidade de trabalharem e se relacionarem no seu maior potencial.

Concluí as minhas observações ao corpo docente e equipa ao dizer: "De uma nova e profunda forma desde a minha experiência em Joanesburgo, desejo compreender, abraçar e liderar esta comunidade académica de fé com *integridade, carácter, vulnerabilidade, comunidade, coragem, convicção, gratidão, esperança e confiança*. Essas convicções de auto-liderança moldam um líder que busca liderar de uma base de valor cristão."

Fui bem-sucedido em tudo o que tinha esboçado para o corpo docente e equipa da universidade? Não! Surpreendentemente, foi alcançado mais do que seria esperado. No entanto, a questão não é tanto uma "lista" de realizações, mas sim o crescimento do líder em competência, carácter e edificação da comunidade e o crescimento dos liderados!

Depois de apresentar este material ao corpo docente e restantes funcionários, continuei a pensar acerca do tema alargado do carácter da liderança, particularmente, como o imperativo se relaciona com liderar uma comunidade de fé com personalidades diversas, expectativas contraditórias, diferentes tradições de fé, distintas tarefas e vários níveis de maturidade. O carácter de liderança torna-se o problema. A auto-liderança precede a liderança de edificação da comunidade. O carácter conta!

O carácter da liderança é a ligação entre a "Comunidade Robusta" e a colaboração institucional. Para a edificação da comunidade ser vibrante e para a colaboração intencional ser eficaz, uma visão partilhada de liderança e do ministério de cada crente deve ser partilhada, abraçada e celebrada.

A grande questão da comunidade e da colaboração para organizações ministeriais, instituições educacionais e igrejas locais é: como é que esta instituição, ministério ou congregação mobiliza os seus membros e colabora com apoiantes e membros dentro e fora das quatro paredes da estrutura física da organização para equipar *outros* para o *seu* ministério - para adoração, discipulado e fazer discípulos, divulgação e comunhão - de tal forma que *eles* estejam preparados para ensinar outros? (2 Timóteo 2:2)

Bennis and Biederman (1997) lembram-nos que "Nenhum de nós é tão esperto como todos nós juntos" (página 1). A Madre Teresa é citada por dizer: "Poderei não ser capaz de fazer o que estás a fazer... poderás não ser capaz de fazer o que eu estou a fazer... *mas todos nós juntos estamos a fazer algo lindo para Deus*" (fonte desconhecida).

Falemos mais do *método* da colaboração intencional dentro de uma comunidade de fé. A colaboração é um processo pelo qual as várias partes vêem aspectos diferentes de um problema através dos olhos do Espírito de Deus e, em espírito de oração e construtivamente, exploram as suas diferenças e buscam por soluções que vão além da sua visão limitada do que é possível. Elas crêem que os seguidores de Cristo têm dons, talentos, capacidades, discernimentos e contribuições para dar relativamente ao mandato do ministério.

A colaboração é sobre relacionamentos individuais que, propositadamente, trabalham juntos para alcançar um resultado partilhado. É uma escolha. Uma escolha difícil, confusa, desajeitada e que leva tempo, mas é a única forma de grupos, instituições e igrejas locais poderem passar da rotina e do comum para o impacto e alcance.

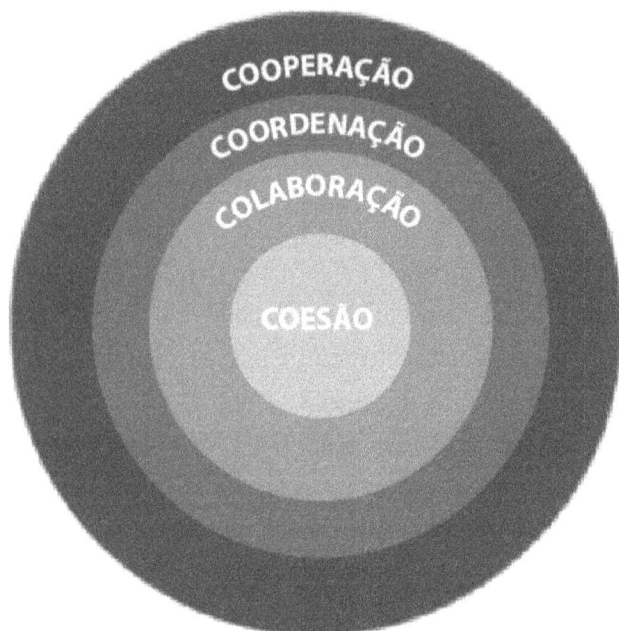

Figura 4.7. A jornada colaborativa. (Inspirado por Winer, 1994)

Os líderes colaborativos não agem em isolamento. "Eles são inclusivos em vez de exclusivos na sua abordagem. Estão dispostos a ouvir e a colaborar com aqueles cujas visões e estilo possam diferir dos seus".[59]

Podem ocorrer mudanças positivas quando pessoas com diferentes perspectivas são recebidas e todos são considerados como parceiros. Deve haver um grande nível de envolvimento, um propósito claro, recursos adequados e o poder de decidir e implementar. Este relacionamento, mutuamente benéfico e bem definido, de "trabalho em conjunto" tem lugar entre duas ou mais organizações para alcançar objectivos comuns. O relacionamento inclui um compromisso com uma estrutura conjuntamente desenvolvida e com uma autoridade e uma compreensão de prestação de contas para o sucesso e para a partilha de recursos e recompensas.

O desafio crítico para o líder colaborativo tem a ver com o sítio onde as pessoas se encaixam no processo, projecto ou iniciativa. Tentamos levar pessoas e grupos de onde estão para onde querem ir. Envolver pessoas de diferentes formas é fundamental. É um meio para um fim, uma forma de vida, em vez de um fim. Para chegarmos ao nosso destino, indivíduos com interesses comuns juntam-se a trabalhar para soluções comuns de problemas comuns.

O importante é escolher o nível certo de envolvimento, e depois aumentar a intensidade. A grande questão é ter as pessoas certas no lugar certo a fazer a coisa certa. O *resultado da colaboração* não vem fácil ou rapidamente. É a perspectiva a longo prazo que deve ser vista e mantida. Winer comparou o resultado da colaboração ao fenómeno dos lagos com nenúfares (Figura 4.8).

As pessoas que se envolvem em iniciativas colaborativas questionam continuamente: que *valor* posso contribuir para os outros? Que valor podem eles contribuir para comigo? *O que podemos fazer juntos para o ministério e missão da organização, igreja local ou membros individuais* que não pode ser alcançado se estivermos separados ou sozinhos?

Nem todas as contribuições dos membros serão de igual valor. A colaboração não torna todos iguais, mas tem o potencial de levar indivíduos e grupos participantes a um novo nível de eficácia ministerial. O benefício para a construção da comunidade e da colaboração intencional é um aumento geral e alcance do grupo e do valor que os membros encontram naquilo que estão a fazer. Na colaboração bem-sucedida, o *extraordinário* torna-se comum. Recorde-se:

"NENHUM DE NÓS É TÃO ESPERTO COMO TODOS NÓS JUNTOS"[60]

Lembro-me do Dr. Mike Winer, uma autoridade em colaboração institucional, a falar numa sessão plenária na Universidade Nazarena de Mount Vernon, no encerramento de um intenso foco de três anos em colaboração intra e inter-institucional. Entre outras citações que deu, estava esta de Barbara Cristy: "A liderança flui da *intersecção* da paixão pessoal com as necessidades públicas".

Em 25 dias,
não consegue ver a mudança.
Depois, quase da noite para o dia,
vê uma GRANDE mudança.

DIA 01   05   10   15   25   30

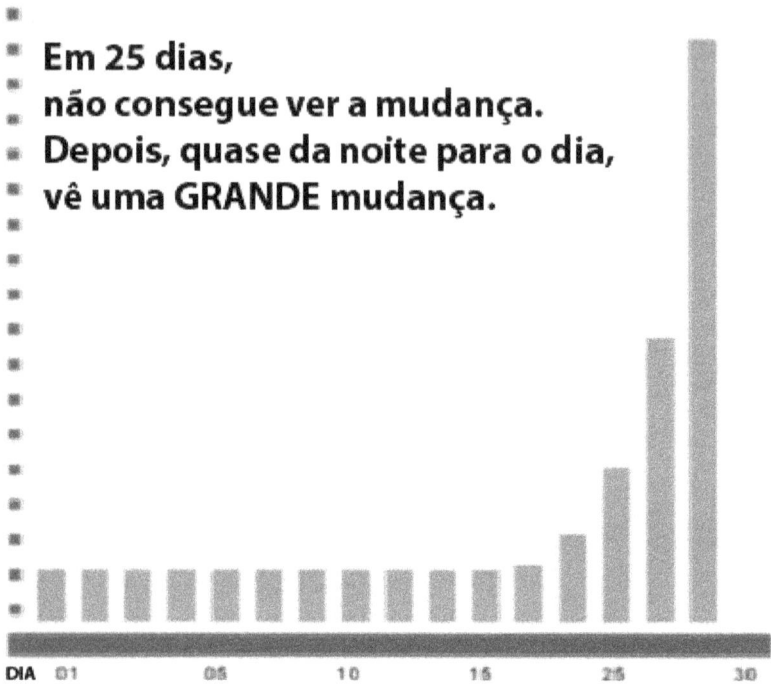

Figura 4.8. O fenómeno dos lagos com nenúfares. (Inspirado por Winer, 1994)

A definição captou a minha atenção por várias razões, particularmente porque abordou o assunto da paixão por se relacionar com as igrejas ou à(s) instituição(ões) que servimos. Winer disse: "Frequentemente abordamos a colaboração 'intelectualmente', mas com pouca paixão. A nossa resposta à paixão dos outros deve ser um *UAU*".

Não esquecerei tão cedo o desafio de Winer em 1994: "Não confunda *informação e inspiração*". A inspiração é crucial. O desafio que ele nos deu foi claro. "Dê 20% de esforço na informação e 80% na inspiração".

As características chave de colaboração efectiva são o respeito mútuo, compreensão, confiança, lista de membros apropriadamente variada, comunicação aberta e frequente, fundos suficientes, convocador capacitado, membros que partilham durante o processo e resultados, e vários níveis de tomada de decisão. Essencial para a colaboração eficaz em comunidades de fé são os benefícios *pessoais* em áreas de crescimento pessoal para a eficácia de ministério e missão, e os benefícios da *comunidade*, um avanço colectivo que não poderá acontecer sem o esforço e contribuição combinados do grupo. Ambas as contribuições de benefícios devem ser reconhecidas.

Em iniciativas colaborativas, não precisamos apenas de cantar do mesmo hinário - mas também da *mesma página*. Uma declaração de missão e de visão em cada iniciativa colaborativa é essencial para qualquer organização. Esta declaração de "resultados" é o elo que mantém o projecto colaborativo junto. A declaração deve ser orientada para os *resultados* - não orientada para o *fazer*. A colaboração é um *processo*, não uma *meta*.

O contexto da colaboração inclui uma visão partilhada, comunicação consistente, um contexto de projecto, um envolvimento amplo, uma orientação para resultados, resultados mensuráveis e definíveis e avaliação. Se disser às pessoas que resultados são esperados, terá uma avaliação feita internamente. É importante, numa igreja local ou numa universidade, colocar os resultados desejados da vida institucional e trabalho perante o corpo docente e equipa ou congregação, antes de lhes pedir para colaborarem. O mesmo é verdade no contexto de uma organização ministerial.

Frequentemente, declarações de missão e visão usam demasiadas palavras e cobrem demasiado território para o nosso grupo de responsabilidade entender. Na falta de um PORQUÊ, é dada mais atenção ao COMO (micro-gestão). É imperativo, então, ser específico acerca do motivo de existência de uma instituição ou congregação local.

Molde, colaborativamente, a declaração de missão, visão e prioridade. No início das minhas responsabilidades na Universidade Nazarena de Mount Vernon, partilhei com a junta que quatro prioridades me guiariam ao tomar decisões relativamente ao uso do meu tempo:

1. Liderança espiritual da comunidade do campus - funcionários, corpo docente, administradores seniores, estudantes e por aí em diante.
2. Pensamento estratégico, planeamento e implementação em toda a universidade;
3. Desenvolvimento regional e mundial de liderança cristã;
4. Cultivo de grandes doadores e desenvolvimento de doações para a MVNU.

Desenvolver declarações teológicas organizacionais, pessoais, de missão e visão demora. Se ainda não o fez, reserve algum tempo, saia da rotina e comece o processo. Dê vários meses para o processo germinar e frutificar. Partilhe o esboço da declaração com a sua família, amigos chegados, colegas, pastor, professor, mentor ou com a sua junta governativa para obter comentários. É uma experiência transformadora!

Quais são alguns dos componentes principais a serem incluídos na *sua* declaração de missão e visão? _____

_____

As instituições educacionais focam-se nos estudantes na sua declaração de missão e visão. Os estudantes são a essência das instituições educacionais. Na Universidade Nazarena de Mount Vernon, ao longo de um processo de seis meses de colaboração, o corpo docente, os funcionários e a administração recomendaram à Equipa de Liderança esta declaração:

UNIVERSIDADE NAZARENA DE MOUNT VERNON:
UMA COMUNIDADE ACADÉMICA DE FÉ, MOLDANDO
LÍDERES E DISCÍPULOS À SEMELHANÇA DE CRISTO PARA
O SERVIÇO E IMPACTO GLOBAL VITALÍCIOS.

Para igrejas locais, concentre-se nas *vidas transformadas* das pessoas envolvidas no fazer discípulos e nas oportunidades de ministério e missão nas suas *declarações de missão e visão*. O *National Development Institute* recomenda que o foco em organizações sem fins lucrativos deve ser baseado em *doação*, e não baseado na instituição ou organização.

Para aprofundar um pouco mais, faça estas perguntas:

1. Quem somos nós como universidade cristã, instituição de educação teológica, congregação local ou organização ministerial?
2. Como é que o ministério que adoptamos se intersecta com as necessidades, interesses e objectivos para com os que buscamos liderar e servir?

Comece por clarificar o porquê do ministério. Inspire o seu povo com a grande visão. Pinte o quadro completo! Envolva as inspirações, forças, capacidades e até questões de legado. Incorpore os valores da comunidade que lidera. Modele a essência e mensagem da organização que serve.

Líderes colaborativos, incluindo os pastores da igreja local e presidentes institucionais ou líderes de organização, são apaixonados por promover uma *cultura de colaboração* dentro do seu grupo de responsabilidade por acreditarem que eles, colectivamente, e cada pessoa, individualmente, podem fazer a diferença neste mundo. Capacitar outros a trabalhar juntos para fazer uma diferença é uma grande chamada e uma experiência fenomenalmente gratificante! Trabalhem juntos em comunidade para alcançar o que uma pessoa sozinha não poderia alcançar!

De volta à questão básica. Qual é a missão e visão da "sua" igreja local, organização ministerial ou instituição de educação? Pode identificar o âmago ou a essência das suas igrejas, organizações ou instituições à volta das quais o seu povo está agrupado? O que é a sua comunidade de fé (como um organismo e organização)? Qual é a razão para se juntarem aos domingos e noutras alturas da semana?

Lembre-se de envolver as pessoas de alguma forma. E escute, continuamente, os *seus* interesses, observe as *suas* paixões, escute as *suas* histórias quando partilha com eles o *porquê* de fazermos o que fazemos. Líderes colaborativos apaixonados devem providenciar uma estrutura.

A construção de uma comunidade robusta aumenta com um foco claro na essência, o "porquê", a missão e visão da igreja local, organização ministerial ou instituição educacional... *e* o povo à volta deles! Os líderes colaboram intencionalmente, *inspiram e entrelaçam* o povo que *servem* à volta de *uma causa, um propósito, uma missão, uma visão e a sua própria paixão!*

Permita que a sua declaração organizacional ou institucional seja vista nas suas instalações, na congregação, nos seus artigos de escritório, em posters e sinais ou boletins e nas salas de aula ou escritórios. Seja consistente. Ao providenciar consistência, a cultura de uma comunidade de fé e a organização de serviço irão mudar.

Novamente, "pinte" a visão do que deseja que a comunidade seja (o tipo de comunidade robusta que visiona para o grupo). Ligue os pontos! Inspire! Defina e incorpore a essência da comunidade. Escute! Escute, escute! Escreva-o nos "marcos das portas", "sangre" por uma comunidade robusta e colaboração intencional para o ministério e missão.

Envolva, envolva, envolva o povo que lidera. Providencie consistência em articular a nossa essência e identidade. Ao fazê-lo, priorizar tornar-se-á fácil. Então, iremos saber porquê e quando colaborar, para "que" propósito e com quem!

1. Líderes colaborativos precisam de fazer várias coisas simultaneamente.
2. Vá devagar e construa o sucesso (Faça menos... mas com a probabilidade de sucesso).
3. Capture paixões individuais (Não elimine o compromisso forte).
4. Decida qual é a "essência". Os outros assuntos irão seguir-se.
5. Encontre várias avenidas para comunicar a missão e visão.
6. Escute e envolva!

A motivação para uma cultura de colaboração está na *essência* - a visão geral. Deixe que a essência oriente os esforços colaborativos. A confiança não é o mesmo que gostar dos outros, que os outros gostem de nós ou fazer as coisas como queremos. A confiança tem a ver com fé e esperança.

A confiança significa que faz o que diz que irá fazer. A esperança é esperar alcançar o que dissemos que iremos alcançar. "A confiança está na essência de fomentar a colaboração. É 'o' assunto central em relacionamentos humanos dentro e fora da organização" (Kouzes & Posner, 1995, página 163). Não é muito possível haver demasiada comunicação na colaboração. Comunique! Comunique! Comunique!

"Ora, o Deus de paciência e consolação vos conceda o mesmo sentimento uns para com os outros, segundo Cristo Jesus, para que concordes, a uma boca, glorifiqueis ao Deus e Pai de nosso Senhor Jesus Cristo."
(Romanos 15:5-6)

"Eu neles, e tu em mim, para que eles sejam perfeitos em unidade, e para que o mundo conheça que tu me enviaste a mim, e que os tens amado a eles como me tens amado a mim."
(João 17:23)

"Procurando guardar a unidade do Espírito pelo vínculo da paz."
(Efésios 4:3)

"Mas a manifestação do Espírito é dada a cada um, para o que for útil."
(1 Coríntios 12:7)

"Com toda a humildade e mansidão, com longanimidade,
suportando-vos uns aos outros em amor."
(Efésios 4:2)

A Função Significativa do Encorajamento

Concluímos este capítulo sobre MÉTODOS ao recordar-nos da importância do encorajamento e apoio dentro das comunidades de fé que lideramos. Estes "sete aspectos essenciais" para encorajar outros são adaptados do livro *Encouraging The Heart*, escrito por James Kouzes e Barry Posner (2003). O anexo do livro tem 150 estratégias muito específicas para encorajar outros à medida que trabalhamos com eles em comunidade.

O Primeiro Aspecto Essencial: DEFINIR PADRÕES CLAROS

Comunicar claramente expectativas. Voluntários querem e precisam de clareza.

O Segundo Aspecto Essencial: ESPERAR O MELHOR

Afirme frequentemente os outros (observe as suas palavras). Busque encorajar, não desencorajar.

O Terceiro Aspecto Essencial: TOMAR ATENÇÃO

Escute atentamente. Busque primeiro compreender. Lidere sempre. Use palavras se necessário.

O Quarto Aspecto Essencial: PERSONALIZAR O RECONHECIMENTO

Seja específico no reconhecimento e elogie-os frequentemente. Seja genuíno.

O Quinto Aspecto Essencial: CONTAR A HISTÓRIA

Partilhe a história *deles* (realizações, ministério, sucessos). A história *deles*!

O Sexto Aspecto Essencial: CELEBRAR JUNTOS

Celebre frequentemente pequenas (e grandes) vitórias e com outros. Procure oportunidades para celebrarem juntos!

O Sétimo Aspecto Essencial: DEFINIR O EXEMPLO

Lidere o caminho. Defina o exemplo. Não espere dos outros o que
você mesmo não faria. Modele a missão. Seja a mudança que deseja
ver nos outros (página 45).

Desenvolva a sua própria lista de aspectos *essenciais* para encorajar os
outros. Se está confortável com a lista acima, identifique datas, eventos, pessoas, processos e realizações, onde possa dizer privada e publi-
camente: "Obrigado", "Parabéns", ou "Estamos orgulhosos de si". Faça-o
com frequência. Celebrações espontâneas são divertidas bem como ocasiões mais formais. Divirtam-se. Riam-se e celebrem! Torne-o pessoal e
corporativo.

Não menospreze o primeiro aspecto essencial. Os voluntários desejam
instruções claras sobre as tarefas pedidas. O tempo disponível para fazer
o que lhes foi pedido é limitado. Quando a tarefa for completada, elogie-
-os e encontre uma forma de celebrar! Lidere o caminho ao reconhecer
realizações. Os outros irão juntar-se a si! Seja conhecida/o como aque-
la/e que encoraja os outros.

No Capítulo Quatro, MÉTODO, observamos de perto a Mentoria,
o Governo da Junta, Questões Estratégicas, Planeamento Missional,
Comunicação Robusta e Colaboração Intencional como estratégias chave
pelas quais equipamos e capacitamos as pessoas de quem somos responsáveis para o ministério e missão eficazes em casa e longe dela. Somos
capturados por esta visão do ministério *com* o povo que servimos e do
ministério *pelo* povo que servimos.

INDICADOR CINCO

A DOR DE UMA LIDERANÇA DECISIVA

É VIVIDA NA TENSÃO ENTRE PESSOAS

BOAS E DEVOTAS A DEUS...

SOBRE VISÃO, VALORES

E TRADIÇÕES.

A DOR DE UMA LIDERANÇA DECISIVA É VIVIDA NA TENSÃO ENTRE PESSOAS BOAS E DEVOTAS A DEUS... SOBRE VISÃO, VALORES E TRADIÇÕES.

Os líderes cristãos crêem que pessoas boas e devotas a Deus podem e, de facto, experimentam claras e intensas diferenças.

Edward LeBron Fairbanks

A Alegria e a Dor da Liderança

Volto frequentemente a uma citação de Teddy Roosevelt, o 26º presidente dos Estados Unidos para obter encorajamento, perspectiva e conforto. Reflicta novamente nestas palavras:

Não é a crítica que conta, nem o homem que aponta como o forte tropeça ou onde o obreiro poderia ter feito melhores obras. O crédito pertence ao homem na arena, cuja face é desfigurada por pó, suor e sangue; que se esforça valentemente... que se gasta numa causa digna, que, no melhor, conhece no fim o triunfo da grande realização e, no pior, se cair, pelo menos cai a tentar o melhor, para que o seu lugar nunca seja com aquelas almas frias e tímidas que nunca conheceram nem a vitória nem a derrota.[61]

Por vezes, líderes visionários experimentam "a dor da liderança" quando uma visão do futuro não é aceite ou compreendida por quem o líder é responsável - indivíduos, que, aparentemente (na percepção do líder), preferem muitas vezes o *status quo*. A oração em abundância e o Espírito de Deus a capacitar o líder, irão dar uma coragem visionária, força e conforto à medida que ele/a guia uma congregação e um grupo ministerial através de transições necessárias (e por vezes dolorosas).

Ao sermos mentores e ao ensinarmos líderes emergentes, focamo-nos muitas vezes na alegria da liderança (Figura 5.1) e não na sua dor (Figura 5.2). É verdade que indivíduos em posições de liderança têm o potencial de influenciar a mudança e impactar as pessoas, o que é algo recompensador e que nos energiza. Quando uma visão nos captura, o resultado é o crescimento e expansão. Certamente todos concordarão com isto! Vamos seguir em frente. E estamos gratos!

Figura 5.1. A alegria da liderança. © E.L Fairbanks

Ao crer que a acção a tomar, o governo a adoptar, a direcção a buscar ou o objectivo a adoptar é um dom de Deus, o indivíduo irá agarrar-se tenazmente à visão para a tarefa.

No entanto, no outro braço estendido está uma mão a agarrar firmemente a realidade - a situação ou contexto em que o indivíduo trabalha, ou as *circunstâncias* (finanças ou facilidades) que parecem ditar o que pode e não pode ser feito, ou o *povo* ou seguidores que devem adoptar a visão se o que é sonhado é ir da visão para a acção (Figura 5.2).

Ficamos atordoados quando as pessoas com quem trabalhamos rejeitam a visão que é projectada ou a desafiam. A tensão entre agarrar a nossa visão e a realidade da situação presente frequentemente produz dor (ver Figura 5.2).

A REALIDADE DO MOMENTO

A VISÃO DO FUTURO

DOR!

Figura 5.2. A dor da liderança. © E.L Fairbanks

Se relaxarmos um braço e largarmos a visão, derrapamos sem direcção (Figura 5.3).

É no manter, *intencional*, tanto a visão como a realidade, que existe a possibilidade de os líderes irem da visão para a acção, e com esta intencionalidade, vem tanto alegria como dor para o líder.

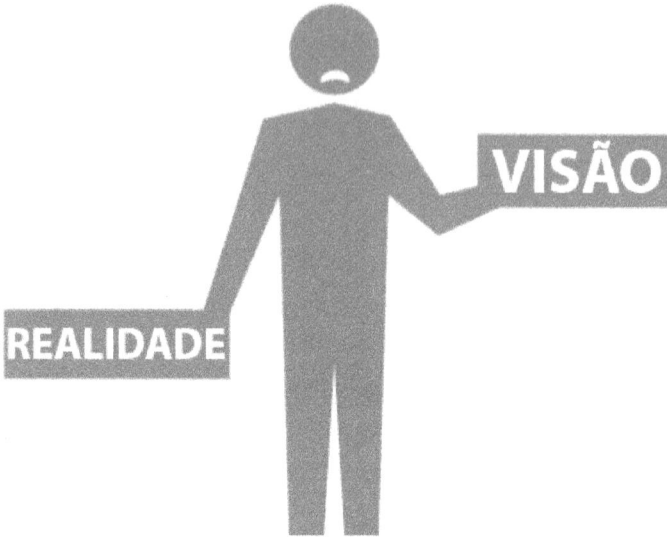

Figura 5.3. A tentação na liderança. © E.L Fairbanks

Porquê? Quando menos se espera, os líderes cristãos são abalados quando experimentam esta realidade: pessoas boas e devotas a Deus frequentemente diferem em como alcançar objectivos mutuamente desejados; e por vezes, essas pessoas COLIDEM. Quando a comunidade de fé está dividida, o reino de Deus sofre e Satanás ri-se. Esta é a **dor** na liderança - dor intensa!

Tenho-me apercebido que essas colisões ocorrem, não necessariamente por causa de boas ou más ideias, objectivos nobres ou pecaminosos, soluções certas ou erradas. Mas sim porque as pessoas boas e devotas a Deus colidem sobre a VISÃO, VALORES e TRADIÇÕES na comunidade de fé. Encontramo-nos no meio de um grupo dividido sobre onde devíamos estar a ir (visão), como vamos lá chegar (valores) e a forma como o temos feito antes (tradições).

No meio dessas situações conflituosas e expectativas irreconciliáveis colocadas sobre nós, o que significa, o que realmente significa, liderar com a mente de Cristo uma comunidade de fé dividida?

Gerir Tensões e Transições: Sete Âncoras

Há, pelo menos, sete âncoras essenciais ao gerir a tensão e transições dentro de uma comunidade de fé enquanto o líder guia a comunidade da visão para a acção e da acção para os resultados missionais. Sete "âncoras" para nos mantermos fortes como líderes cristãos fiéis, à medida que seguramos firmemente a nossa visão e, ao mesmo tempo, buscamos avançar a igreja, universidade, região ou denominação para a acção.

Âncora #1: "Falar Graciosamente". Observe as palavras que diz. As palavras que dizemos podem abençoar ou "destruir" as pessoas. *Pois do que há em abundância no coração, disso fala a boca*" (Mateus 12:34). Como líderes, ou encorajamos ou desencorajamos aqueles com quem trabalhamos, exaltamo-los ou rebaixamo-los, falamos positiva ou negativamente acerca deles ou reflectimos sensibilidade ou "cegueira" cultural para com eles. Ou nos focamos na outra pessoa ou em nós mesmos.

Faço frequentemente esta pergunta a mim mesmo: Como é que os outros se sentem quando deixam a minha presença? Mais fortes ou mais fracos? Maiores ou menores acerca deles mesmos? Confiantes ou "assustados"? Compreendidos ou incompreendidos? Afirmados ou manipulados? Abençoados ou "destruídos"?

Arsénio, o educador romano que trocou o seu *status* e riqueza pela solidão do deserto egípcio: "Frequentemente me arrependo de ter falado, mas nunca me arrependo de permanecer em silêncio".[62]

De acordo com Efésios 4:25, Deus usa as palavras que dizemos aos outros dentro do corpo de Cristo para estender a Sua graça, através de nós, para eles! Que pensamento poderoso e profundo! Recorde-se: as palavras que dizemos àqueles com quem trabalhamos, especialmente àqueles que diferem e até colidem connosco, podem abençoar ou destruí-los. Escolha abençoá-los!

Âncora #2: "Viver com Gratidão". A comparação é a raiz da inferioridade. Não amue, chore ou se queixe. Seja grato. A comparação é tão penetrante na nossa sociedade - no trabalho, na família, na igreja local ou região, nas nossas comunidades e, particularmente, dentro de nós. Podemos sentir-nos bem acerca de nós - os nossos dons, talentos e capacidades - até nos compararmos com os dons, talentos e capacidades das *outras* pessoas. Podemos acreditar que os nossos colegas são adequados para os trabalhos que lhes dermos até compararmos os seus trabalhos - criatividade, inovação, energia e educação - com os dos outros.

A comparação destrói-nos por dentro e rouba-nos alegria, relacionamentos, confiança e paz. No processo, a comparação seca a nossa energia e drena o entusiasmo. A comparação pode transformar-nos de sermos um *chefe*, supervisor ou pastor encantador para sermos um indivíduo preocupado, desanimado, negativo e descontente que as pessoas apenas aturam.

Qual é o antídoto para a comparação? Três qualidades bíblicas profundas:

- *Gratidão!*
- *Agradecimento!*
- *Apreciação!*

Podemos escolher aceitar as pessoas e as provisões que Deus, na Sua sabedoria nos tem dado. Podemos escolher trabalhar para trazer à tona o melhor nos outros, vendo o melhor neles. Em cada situação, podemos escolher ser gratos, crendo que Deus está no meio de tudo o que estamos a fazer (1 Tessalonicenses 5:18). A gratidão é o antídoto "que dá vida" contra o impacto negativo da comparação.

Não se lamente sobre o que não tem; seja grato/a - em tudo - pelo que Deus tem providenciado. Cultive a disciplina e prática da gratidão.

Não que eu mantenha esta "âncora" em todas as situações de hoje em dia; mas, quanto mais madura se torna a minha fé, mais pratico a gratidão como um modo de vida. Normalmente assino as minhas cartas com a saudação "Agradecido". Isto pode ser apenas uma rotina e algo sem sentido; mas, para mim, é uma constante recordação da mentalidade que desejo cultivar em todas as situações.

Eu e um académico especializado no Antigo Testamento recentemente reformado graduámo-nos do Nazarene Theological Seminary no mesmo ano e fomos ambos aceites numa instituição bem conhecida no nordeste dos Estados Unidos. Ambos entrámos na escola de pós-graduação num nível de mestrado diferente, crendo que então poderíamos começar um programa de doutoramento na instituição. Para nossa surpresa, quando estávamos a terminar o programa académico no qual nos tínhamos inscrito, fomos informados que as nossas candidaturas para admissão nos programas de doutoramento tinham sido rejeitadas! Ficámos atordoados! Embaraçados. Chateados. Desapontados. Mais tarde, descobrimos que o corpo docente estava no processo de rever os programas de doutoramento; então, todas as candidaturas nesse ano foram congeladas.

Ambos começámos a pastorear depois da finalização dos mestrados de teologia dessa instituição. Que bênção! Dentro de poucos anos, candidatamo-nos a outras escolas, continuámos a pastorear, mudámos o nosso foco de estudo de doutoramento e, subsequentemente, acabámos os programas.

Apesar de não ter compreendido isso na altura, a "rejeição" acabou por ser uma bênção disfarçada para mim e para a minha esposa. Disfrutámos imensamente as nossas responsabilidades pastorais e, como resultado, alarguei o foco dos meus estudos de doutoramento em áreas para além das que estavam originalmente planeadas. Comecei a ver desde cedo a sabedoria do Senhor neste processo e reconheci a nova direcção nas nossas vidas. Eu e a minha esposa estávamos realizados no nosso ministério pastoral, como temos estado no nosso ministério na educação superior desde 1978!

Âncora #3: "Ouvir Atentamente". Procure primeiro compreender. A compreensão - e não o consenso - é a chave para a gestão de conflitos. Pessoas boas e devotas a Deus *podem* ter diferenças honestas e intensas. Depois de 30 anos na administração da educação superior, afirmo com confiança que as pessoas boas e devotas a Deus não apenas diferem, mas às vezes colidem sobre a visão e valores. E a/o irmã/ão tem testemunhos parecidos!

Esta é a razão pela qual tenho percebido que a visão teológica (o que acredito acerca das pessoas/o que *vejo* nelas) precede a *visão organizacional* (o que quero para a organização, igreja, universidade, região ou denominação). Continuo a orar frequentemente: "Deus, dá-me os *Teus* olhos para *ver* realmente as pessoas com quem trabalho".

A humildade exige escuta intensa da pessoa que lidera os outros. Vale a pena repetir a declaração de Nouwen: "A beleza de escutar é que aqueles que são escutados começam a sentir-se aceites, começam a tomar as suas palavras de forma mais séria...Escutar é uma forma de *hospitalidade espiritual* em que se convida estranhos a tornarem-se amigos...".[63]

Edwin Friedman cria que o atributo mais importante de um líder não é o conhecimento ou a técnica, mas o que traz na sua presença. E a presença que ela/e precisa é uma presença "não ansiosa".[64]

De acordo com Stone e Heen (2014), escutar é a primeira de quatro capacidades que um líder precisa de ter para "navegar no corpo das conversas" (página 233). Para Stone e Heen, escutar inclui "fazer questões clarificadoras, parafrasear a visão do dador e reconhecer os seus sentimentos" (página 233).

Âncora #4: "Perdoar Livremente". Seja pró-activo a estender o perdão. Um espírito de perdão transforma e capacita os líderes. Uma das minhas profundas lições de vida é esta: o perdão tem pouco a ver com o ambiente externo à minha volta e tudo a ver com a minha condição "interna"! Estender o perdão não espera que o "outro" peça perdão. Jesus, na cruz, disse: "Pai, perdoa-os porque não sabem o que fazem" (Lucas 23:34).

Jesus era ingénuo? Acreditava realmente que aqueles que O estavam a matar não sabiam o que estavam a fazer? Não! Jesus acreditava que, ao estender o perdão a quem estava a caluniá-lo e a magoá-Lo, eles deixariam a sua actividade? Não!

Jesus, em essência, não estava a permitir que aquilo que os outros **dissessem** contra Ele ou o mal que **fizessem** contra Ele, criasse uma amargura ou ressentimento *dentro* d'Ele e, por isso, criasse uma ruptura no relacionamento com Deus, o Seu Pai. Simplesmente não valia a pena! "Pai, perdoa-os porque não sabem o que fazem" (Lucas 23:34).

Estender o perdão livra-nos da escravatura para com a outra pessoa. Permitimos, demasiadas vezes, que as pessoas que nos ofenderam nos controlem. "Grandes líderes" é-nos dito, "são moldados nas alturas mais desafiantes e difíceis". Um espírito de perdão transforma e capacita os líderes.

Âncora # 5: "Ter uma Liderança Decisiva". Combine a visão clara e a humildade profunda com a resolução intensa. Raramente "disfrutamos" o luxo de ter toda a informação que precisamos antes de fazer as decisões necessárias. Talvez tenha ouvido dizer: "O sonho de uma pessoa é o pesadelo da outra!" Mas, é neste contexto que vivemos, trabalhamos e lideramos. É na tensão entre a nossa *visão* para o futuro e a *realidade* do presente, que a nossa tomada de decisão, como líderes, ocorre mais frequentemente.

Como líderes, movemo-nos constantemente entre duas necessidades: a necessidade de planeamento estratégico e de longo prazo para as nossas tarefas e a rotina diária de orçamentos, equipa, gestão de instalações e conflitos interpessoais. Por vezes, este acto de equilíbrio é entre a gestão macro (estratégia focada na grande panorâmica) e a micro (ficar focado nos pequenos detalhes de implementação das nossas responsabilidades).

Frequentemente digo às pessoas com quem trabalho que quero ser um líder de fé e visão. Mas não quero cruzar a linha de ser um líder irrespon-sável, cujas acções desafiam a racionalidade e rejeitam o julgamento co-lectivo dos santos sábios e maduros. Ainda assim, quem determina onde realmente está a "linha" entre a *fé* e a *irresponsabilidade*?

É doloroso ter de escolher entre os imperativos bíblicos (isto é, "ide... e façam discípulos") e as necessidades das pessoas (isto é, aumentos salariais, necessidades de equipamento e despesas de viagem). Mas, por vezes, fiz estas decisões e, talvez, a/o irmã/o também as tenha feito.

Até agora, tem-me ouvido falar da importância crítica do RESPEITO por aqueles com quem trabalhamos, à medida que buscamos o mandato bíblico da missão e ministério. Tem-me ouvido discutir o "respeito" pe-los nossos colegas através das palavras que dizemos, exprimindo grati-dão por eles, escutando-os atentamente e perdoando livremente.

De facto, respeitar as pessoas com as quais diferimos - ou até colidi-mos - está na essência do que significa *liderar* com a mente de Cristo. No entanto, a certo ponto das nossas responsabilidades de liderança, as decisões precisam de ser feitas. Ao mesmo tempo que o digo, precisamos de recordar que a questão real não é: "É preciso tomar uma decisão?". Em vez disso, a questão deve ser: "*Como* é que, dentro da comunidade, as decisões são feitas e implementadas?"

Especialmente em tempos de conflito sobre visão, as decisões precisarão ser feitas - até mesmo quando as diferenças continuam a existir! E, nessas alturas, iremos liderar - de forma decisiva - mas a partir dos nossos joelhos e, frequentemente, com lágrimas nos olhos! Precisamos de evitar a *paralisação* - esperar até que todos concordem connosco - quando devem ser tomadas decisões. Por vezes, talvez até frequentemente, precisamos de ir em frente sem que todos dentro da comunidade concordem com a visão ou direcção a ser tomada. Como é que vamos em frente, decisivamente, nestas situações dolorosas enquanto, ao mesmo tempo, mostramos *respeito* cristão àqueles que diferem de nós?

Seguimos em frente - decisivamente - através da *oração*, com eles, por eles e por nós mesmos como líderes. Seguimos em frente através da *colaboração*, envolvendo-os quando e onde podemos no processo. Seguimos em frente através da prática da *gratidão*, agradecendo a Deus e agradecendo-"lhes" pelos seus dons, talentos, capacidades e testemunhos de fé. Oramos sozinhos. Oramos juntos. Oramos com frequência. Oramos por gentileza, bondade, compaixão, paciência e amor - mesmo quando seguimos em frente, quando uma maioria falou. Desejamos consenso, mas por vezes podemos diferir e colidir sobre a decisão da maioria. Doloroso? Sim.

Neste espírito de humildade e quebrantamento, seguimos confiantemente em frente - crendo que Deus está a trabalhar no meio da difícil situação. Neste espírito, seguimos em frente decisivamente, não com paralisações ou incerteza, mas em bondade e compaixão. As nossas acções são marcadas com a convicção que Deus falou a Sua palavra de visão e direcção e que Ele continuará a liderar o Seu povo à acção, mesmo que as circunstâncias ou atitudes possam não dar evidência da Sua obra nessa altura. Isto é liderar com a mente de Cristo - uma liderança decisiva no meio de situações complexas e difíceis.

Uma liderança decisiva com humildade cristã exige que continuemos a nutrir e desenvolver capacidades em escutar e comunicar, no tempo e no processo, afirmando e encorajando, perguntando e inquirindo, discernindo e delegando "dons" e, talvez, outras capacidades!

Quanto mais compreendo acerca de liderar com a mente de Cristo, mais me apercebo o quanto não compreendo. Sou um aluno e estudante, comprometido para toda a vida, do que está envolvido numa liderança decisiva com visão clara, humildade profunda e resolução intensa.

Âncora #6: "Amar Profundamente". Valorize as pessoas - não o poder ou posição. A evidência da liderança é vista nas vidas dos seguidores. Como líderes, precisamos de nos relembrar dos muitos valores que temos em comum com os nossos colegas. Focar-nos nos assuntos que nos unem, não nos que nos dividem.

Ao longo dos anos, tenho-me tentado recordar de confiar nos meus melhores momentos quando tomo decisões relativamente aos funcionários. "Seja a vossa equidade notória a todos os homens" (Filipenses 4:4-7).

Como líderes, precisamos de ser apaixonados por comunicar a nossa visão, missão e valores pessoais, profissionais e organizacionais com quem trabalhamos ou com quem somos responsáveis. Lidere o caminho e encoraje outros, pelos quais é responsável, a memorizar a visão estratégica da comunidade de fé que lidera. Fale frequentemente acerca das "prioridades abrangentes do nosso grupo". Foque-se colectivamente nos valores essenciais.

Este é o ponto de partida: Tente alargar a visão das pessoas acerca do trabalho que está a ser feito. Lembre-se de pintar o panorama geral! Assista-os em descobrir como é que eles, nas suas tarefas particulares e com os seus dons específicos, se encaixam no grande esquema e propósito da instituição, organização ou igreja.

Eu queria que o corpo docente, funcionários e estudantes se sentissem positivos sobre trabalharem na MVNU e acreditassem que a sua tarefa na universidade produzia crescimento - pessoal e profissionalmente. Valorize pessoas e progresso, não o poder e posição.

Âncora #7: "Orar Sinceramente". Alguns assuntos só são resolvidos através de oração intensa. Torne-se a mudança que deseja ver nos outros.

Líderes cuidadosos sabem que não temos o poder de mudar outros. No entanto, a mudança pode tomar lugar dentro de *nós*! Ao experimentar diferenças honestas e intensas entre as pessoas boas e devotas a Deus, o "orador" pode ser mudado e transformado.

Situações de conflito podem *produzir* crescimento. Também podem *inibir* o crescimento nas vidas dos líderes. Perante Deus, em oração, buscamos respostas d'Ele para as perguntas feitas anteriormente: *O que posso aprender? Como posso mudar?* Ao fazer estas perguntas e ao buscar as respostas de Deus para essas duas questões para as nossas vidas como líderes, *somos* mudados! Cada vez mais, pela graça de Deus, tornamo-*nos* a mudança que desejamos ver nos *outros*, que podem ou não ser impactados pelo que acontece dentro de nós. Mas o que acontece connosco é transformativo! Crescemos. Mudamos. Amadurecemos. Cada vez mais exemplificamos a mudança que desejamos ver nos outros! E, no processo, experimentamos a paz de Deus, que transcende todo o entendimento. Somos "libertos" da insistência de mudança dos outros. Através da oração profunda, líderes cuidadosos fazem as perguntas certas e confiam a Deus os resultados... mesmo enquanto somos mudados no processo!

Qualidades que me Caracterizam e me Condenam

Essas qualidades condenam-me no meu pior e caracterizam-me no meu melhor. As "âncoras" mantêm-me firme à medida que procuro mover o grupo, pelo qual sou responsável, da visão para a acção e da acção para os resultados, especialmente quando pessoas boas e devotas a Deus colidem sobre visão, valores e tradições. Em suma:

1. Quero que as minhas palavras sejam *doadoras de graça*, geradoras de vida e inspiradoras para os outros e não afirmações desencorajadoras, deprimentes e esgotantes.

2. Quero ser conhecido como uma pessoa que está sempre *grata*, independentemente da situação, crendo que Deus está no meio de tudo o que faço e está a trabalhar para trazer o bem em cada situação.

3. Quero *escutar* e respeitar as pessoas com quem trabalho, compreendê-las - e que elas me compreendam - mesmo se não concordarmos umas com as outras.

4. Quero iniciar o *perdão* quando me ofenderem, porque não tenho a energia ou a força de carregar o pesado fardo e culpa de um espírito não perdoador.

5. Quero uma *liderança decisiva* com visão clara, profunda humildade e resolução intensa, até enquanto experimento a dor de manter tenazmente a visão reconhecendo as realidades da minha situação.

6. Quero que o meu relacionamento com os outros os *energize*; tenha um impacto positivo nas suas vidas; e os capacite, de alguma forma, a crescerem e a se tornarem mais fortes na sua fé, na sua confiança neles mesmos e na sua competência no trabalho, como resultado da sua interacção comigo como seu líder.

7. Quero que a *mudança* seja vista em mim, mesmo querendo ver a mudança nos outros.

Jim Collins (2001), no seu livro *Bom a Óptimo*, fala de características críticas dos líderes. Ele fala da humildade e resolução feroz como essenciais para o Nível 5 ou líderes de topo. Creio que, independentemente do que descobrir em líderes decisivos e servos, irá descobrir que eles:

1. **Falam Graciosamente.** Eles observam as palavras que dizem.

2. **Vivem com Gratidão.** Não "choram"; são gratos.

3. **Ouvem Atentamente.** Buscam primeiro compreender.

4. **Perdoam Livremente.** São pró-activos em estender perdão.

5. **Lideram Decisivamente.** Evitam a paralisação na tomada de decisão com humildade.

6. **Amam Profundamente.** Valorizam as pessoas, não o poder.

7. **Oram Sinceramente.** Adoptam a mudança neles, mesmo querendo ver a mudança nos outros.

Qual destas "âncoras" precisa mais na sua presente responsabilidade de liderança? _____

_____

À medida que experimenta a tensão entre a visão que Deus lhe tem dado e a realidade da sua situação presente, em qual dessas áreas *mais* precisa que Deus o/a mantenha firme? _____

_____

À medida que se move da visão para a acção e da acção para os resultados, talvez, no meio de diferenças e colisões, qual é a sua maior necessidade? _____

_____

Mais uma questão. Qual destas seis âncoras representam a sua maior força? Seja específico/a. Seja pessoal. Seja honesto/a. É vitalmente importante para nós afirmarmos a nossa força, até mesmo quando reconhecemos a nossa necessidade. Construa a sua força. Trabalhe na sua maior falha para que se torne a sua força.

O Carácter Elusivo do Contentamento (no meio da dor)

Quando o conflito e a colisão ocorrem dentro da comunidade, a tentação será de desistir e talvez sair dali. Em várias ocasiões, até me envolvi em "situações de comiseração" em que me queixava a Deus. Numa dessas situações em que "sentia pena de mim mesmo", comecei a reflectir sobre o carácter elusivo do contentamento. O que significa estar satisfeito? Qual é a natureza do contentamento?

Significará que os cristãos devem ser passivos e aceitar, como seu dever a Deus e aos indivíduos, qualquer dor que venha no seu caminho? É o contentamento o mesmo que resignação? Será que o contentamento bíblico implica falta de ambição, desejo por avanço ou visão de maior responsabilidade de liderança numa nova ou antiga tarefa de trabalho?

O apóstolo em Filipenses 4:11-13 fala do dom do contentamento: *"Não digo isto como por necessidade, porque já aprendi a contentar-me com o que tenho. Sei estar abatido, e sei também ter abundância; em toda a maneira, e em todas as coisas estou instruído, tanto a ter fartura, como a ter fome; tanto a ter abundância, como a padecer necessidade. Posso todas as coisas em Cristo que me fortalece."*

Especialmente na tensão de agarrar tenazmente a uma visão dada por Deus, ao mesmo tempo que compreendemos firmemente a realidade da situação presente, o contentamento bíblico é evasivo. O contentamento, como descrito por Paulo, emerge como central e transformativo. Mantém-se firme quando somos tentados a fugir ou a simplesmente ir embora. O contentamento bíblico é elusivo por causa: (a) da ironia do contentamento; (b) das barreiras para o contentamento; e (c) do segredo do contentamento. Em situações dolorosas para o líder dentro da comunidade de fé, especialmente quando estamos chateados com alguém, a orientação de Paulo sobre o contentamento é particularmente perspicaz.

A ironia do contentamento. A ironia é esta: tendemos a pensar que sabemos o que é melhor para as nossas vidas e para as nossas responsabilidades de liderança e pedimos a Deus para concordar (e se Deus concede as nossas orações, estaremos satisfeitos)! O texto recorda-nos que Deus pode dar-nos paz interior em *qualquer* situação em que Ele nos coloque! Paulo escreveu estas palavras sobre o contentamento enquanto estava na prisão. Nos dois anos anteriores ele tinha estado noutra prisão perto de Jerusalém, foi insultado pelo governador romano da área, naufragou na sua ida para Roma, esteve sem comer durante 14 dias e depois foi colocado em prisão domiciliária quando chegou a Roma! E essas aparentes experiências desastrosas seguem o seu grande ensino e pregação e as suas três jornadas missionárias, como relatados no livro de Actos. Mas Paulo lamentou-se? Queixou-se? Lamuriou-se? Culpou os outros pelo seu dilema? Envolveu-se em situações de "comiseração"?

Isto é fascinante. Em Roma, enquanto esteve na prisão, ele não se focou naquilo que faria se tivesse mais recursos ou se tivesse colegas cristãos. Ele não se focou no "porquê"?; "porquê eu?"; ou "e se?". Em vez disso, estando nas correntes de Roma, Paulo escreveu o que conhecemos como as epístolas da prisão: Filipenses, Efésios, Colossenses e Filémon! Ele floresceu onde estava plantado! De acordo com Filipenses 4:7, Deus deu-lhe contentamento e uma paz interior. É surpreendentemente irónico como o amanhã toma conta de si mesmo quando damos o nosso melhor no lugar de trabalho e ministério que Deus nos tem dado hoje.

Poderá não trabalhar no lugar que prefere, ou ganhar o dinheiro que deseja, ter uma junta governativa que deseja, os pastores que acredita precisar ou os dons principais que precisa para alcançar grandes projectos no seu ministério. Nestas situações, ironicamente, por mais difíceis, injustas e desafiantes que elas pareçam e sejam, pode experimentar um contentamento que desafia a compreensão.

O contentamento bíblico é elusivo por causa da ironia do contentamento. Os caminhos de Deus não são os *nossos* caminhos. Paulo começa num ponto diferente: "Eu sei o que significa estar em necessidade... ou ter muito; ser bem alimentado ou faminto." E ele desafia-nos a fazer o mesmo e a afirmar os paralelos apropriados nas nossas vidas.

Uma barreira para o contentamento são as nossas *circunstâncias*. Paulo poderia ter dito: "Porque estou na prisão? Porque não dei ouvidos aos meus amigos?" (Os seus amigos nas cidades de Tiro e Cesaréia imploraram que Paulo não continuasse a sua jornada até Jerusalém, sabendo que poderia enfrentar perseguição e chegar a ser preso). Todos temos estas contínuas tentações:

"Se eu tivesse ouvido..."

"A vida é mais verde do outro lado."

"Se eu estivesse ali, poderia..."

"Se eu tivesse isto... ou aquilo..."

A resposta de Paulo a este amigo que lhe implorou para não ir até Jerusalém (Actos 21:14) foi clara: "*Farei a vontade de Deus*". Paulo continuou até Jerusalém e estava em paz.

Outra barreira do contentamento são as *pessoas*. Nos meus mais de 30 anos de administração em educação superior, tenho visto que em qualquer situação, haverá problemas e possibilidades quando há pessoas envolvidas. Iremos focar-nos nos problemas? Ou iremos focar-nos nas possibilidades e potencialidades?

Na situação de Paulo, ele testemunhou a muitos na *prisão*! Ele escreveu cartas às jovens igrejas em Filipo, Éfeso, Colosso e a Filémon. Paulo encoraja-nos a focarmo-nos nas possibilidades das nossas circunstâncias e não exclusivamente ou morbidamente nos nossos problemas com as pessoas com quem vivemos, adoramos e trabalhamos.

O contentamento bíblico é elusivo por causa da *ironia do contentamento* e as *barreiras* ao mesmo. Paulo guia-nos também ao:

Segredo do contentamento. O segredo do contentamento está enraizado nas pessoas que nos desapontam, circunstâncias que nos distraem ou nos problemas que nos sobrecarregam. O segredo do contentamento bíblico está enraizado na gratidão.

O contentamento está enraizado num *foco* em Deus e nas *Suas* misericórdias e graça, não na preocupação com as pessoas e problemas. A *qualidade principal* de uma pessoa satisfeita é a **gratidão**.

Oiça novamente Filipenses 4:5-6. *"Seja a vossa equidade notória a todos os homens. Perto está o Senhor. Não estejais inquietos por coisa alguma; antes as vossas petições sejam em tudo conhecidas diante de Deus pela oração e súplica, com acção de graças".* E qual é o resultado? Paulo diz-nos: *"E a paz de Deus, que excede todo o entendimento, guardará os vossos corações e os vossos pensamentos em Cristo Jesus!" (Filipenses 4:7)*

GRATIDÃO - ACÇÃO DE GRAÇAS - NASCE DA NOSSA ACEITAÇÃO DE QUE *TUDO* NA VIDA É GRAÇA - COMO UM DOM IMERECIDO E NÃO GANHO - UM PRESENTE DA GRAÇA - DA MÃO DO PAI.

Este carácter teocêntrico, ou centrado em Deus, da gratidão está ancorado na *implacável confiança* em Deus que é *soberano* e cujo *cuidado providencial* guia o Seu povo.

Estou lentamente a começar a ver - muito lentamente - que o contentamento não nos torna *gratos*. Em vez disso, é a *gratidão* que nos torna *satisfeitos*. Quando as coisas tendem a correr mal, quando as pessoas nos desapontam, quando os nossos colegas não nos compreendem e quando parece que existem diferenças irreconciliáveis dentro da comunidade de fé entre pessoas boas e devotas a Deus, podemos *escolher crer* na soberania de Deus. No meio da agitação interior, podemos *escolher crer* no Seu cuidado vigilante sobre as nossas vidas no meio das dúvidas, questões, conflitos e perseguição.

Nessas situações por vezes humanamente miseráveis, podemos escolher crer que:

> *No Seu tempo, no Seu tempo*
> *Ele faz todas as coisas belas,*
> *No Seu tempo.*
> *Senhor, por favor mostra-me cada dia*
> *enquanto me mostras o Teu caminho,*
> *que Tu fazes o que prometes fazer*
> *no Teu tempo!*
> (Bíblia, *Sing to the Lord*, #575).

Frequentemente, esta é uma afirmação convencional, baseada somente na confiança radical num Deus soberano. Quando as emoções e circunstâncias não sugerem esta afirmação de fé, podemos escolher crer no Santo Deus de graça e misericórdia para nos ajudar.

Citamos, muitas vezes, de memória a grande declaração de Paulo em Filipenses 4:13: *"Posso todas as coisas n'Aquele que me fortalece."* É um bom versículo para nos lembrar de sermos fortes e a ter coragem porque a nossa fé está em Cristo... não em nós mesmos ou noutros. Paulo dá-nos este grande versículo no contexto da sua discussão sobre o contentamento:

> *Posso fazer todas as coisas, seja em necessidade ou na fome,*
> *ou com fartura e bem alimentado.*
> **Em qualquer uma das circunstâncias -**
> *Eu posso fazer tudo o que Deus quer que eu faça*
> *através de Cristo que me dá força.*

Quaisquer que sejam as circunstâncias e condições, e independentemente das pessoas - das suas atitudes ou o seu tratamento relativamente a nós, sejamos gratos por Cristo que habita em nós e que nos dá contentamento no meio dessas situações e circunstâncias difíceis. Seja grato - agradecido - que, no meio do stress, pressão e, talvez, mal-entendidos, Deus está a ensinar-*nos* coisas acerca de nós mesmos, dos outros, da vida, fé e confiança que não iríamos - *não poderíamos - ter* aprendido **sem** essas experiências!

O contentamento está enraizado num coração cheio de gratidão. Até na prisão, o trino Deus ainda estava no controlo da vida de Paulo. A gratidão, para Paulo, não estava condicionada a boas circunstâncias, funcionários compreensivos, colegas agradáveis ou a um bom salário. Pelo contrário, a sua gratidão estava baseada numa CONFIANÇA implacável no Deus soberano de graça e misericórdia.

Paulo desafia-nos a "dar graças com um coração grato" e ensina-nos que a gratidão não está enraizada na murmuração, queixa, censura ou reclamação. Em vez disso, o segredo do contentamento - para Paulo e para nós - está na convicção de que Deus é *grande* o suficiente para lidar com qualquer situação que encontremos.

A Dor e a Esperança Cristã em Tempos Confusos

Diz-se que Napoleão Bonaparte afirmou: "Líderes são mercadores de esperança." Para o líder cristão, isto é especialmente verdade em situações, dentro de uma comunidade de fé, em que pessoas boas e devotas a Deus têm diferenças claras e distintas sobre a visão e valores.

Meses antes o ano lectivo 2001-2002 começar, estava agendado falar no dia 12 de Setembro de 2001, aos estudantes da MVNU no culto de capela. Os eventos de 11 de Setembro desse ano abalaram-nos no campus, como a muitos à volta do mundo. Nunca me esquecerei de orar com os estudantes, corpo docente, funcionários e as suas famílias à medida que chegavam à capela/auditório R.R. Hodges na MVNU ao longo da tarde desse dia. Às 16 horas, o capelão e a sua equipa dirigiram a comunidade do campus num culto significativo de oração e reflexão.

O tema da minha pregação para o culto de capela da manhã de quarta-feira, 12 de Setembro, mudou radicalmente. Com muita oração e não tendo dormido muito, falei à nossa família do campus sobre o assunto "Porque é que as boas pessoas sofrem?" O texto da pregação foi o livro do Velho Testamento, Habacuque. Todos nós, parece, estávamos a fazer perguntas e a buscar respostas relativamente ao problema do mal e do sofrimento humano.

Habacuque, poderá lembrar-se, foi um profeta do Antigo Testamento, profundamente angustiado pela aparente injustiça que prevalecia no mundo. Ele tentou conciliar o mal dos seus dias com a bondade e justiça do carácter de Deus.

Como profeta de Deus, ele estava preocupado com o sofrimento do seu povo.

Não eram eles os escolhidos de Deus? Porque é que Deus usa uma nação ateia para castigar o Seu próprio povo?

Habacuque recordou Deus que eles não eram tão maus como os caldeus, que Deus estava a usar para humilhar e castigar Judá, o povo de

Deus. No meio da queixa de Habacuque a Deus (no capítulo 1), ele afirma corajosamente: "*Mas o justo, pela sua fé, viverá*" (Habacuque 2:4).

Quando Deus disse a Habacuque que a Babilónia conquistaria Israel, o profeta sentiu que isto não era justo. Sem hesitar, perguntou a Deus porque é que Ele permitiria que uma nação ateia e cruel oprimisse o *Seu* povo? Habacuque conclui o seu livro de somente três capítulos, mas repleto de poder, não só com a grande afirmação de que "o justo viverá pela fé", mas com estas palavras quase no fim do capítulo 3:

"Porque ainda que a figueira não floresça,
nem haja fruto na vide;
ainda que decepcione o produto da oliveira,
e os campos não produzam mantimento;
ainda que as ovelhas da malhada sejam arrebatadas,
e nos currais não haja gado;
Todavia eu me alegrarei no Senhor;
exultarei no Deus da minha salvação."
Habacuque 3:17-18

Paráfrase de Fairbanks sobre estes versículos:

Quando Deus parece silencioso, quando não há aparente evidência que Deus ouve ou até compreende a situação, quando tudo o que fiz parece perdido. Nesses momentos, escolhemos crer radicalmente num Deus que é fiel e verdadeiro; Firmamos as nossas vidas na Sua promessa de nunca nos deixar ou abandonar; e oramos: "Não sabemos o que fazer, mas olhamos para Ti."

A nossa fé, nesses momentos, não é baseada no *sentimento,* mas na *convicção* que Deus é soberano e irá trazer o bem de cada situação na qual nos encontramos. Deus lidou pacientemente com Habacuque até que ele pudesse ver que a Babilónia estava a ser usada por Deus para disciplinar Israel e que a própria Babilónia também poderia enfrentar o julgamento de Deus.

A providência de Deus não significa que não haverá desilusões e problemas. Significa que nada, nem mesmo a maior tragédia, a perseguição mais amarga, a pior desgraça, ou morte do corpo, pode ser permanentemente mau ou separar-nos do amor de Deus!

Eu e a Anne celebrámos o nosso 40º aniversário de casamento em Junho de 2002 num fim de semana de verão em Nova Iorque. Cada dia em que estivemos na Big Apple, andámos à volta do "Ground Zero". O enorme número de fotografias, cartões, tributos e cartas foi demais para nós. Havia orações escritas coladas em todos os lados do perímetro. Parámos e lemos muitos dos tributos, cartas, cartões e orações.

No meio de tal luto e tragédia, dei por mim, vez após vez, a cantar o coro de um hino antigo:

> *Em Cristo, a rocha forte, eu permaneço;*
> *Todos os outros terrenos são areias movediças.*
> *Todos os outros terrenos são areias movediças.*

A segunda estrofe do cântico, escrita em 1834, parecia especialmente apropriada nesta ocasião em 2002:

> *Se lhe não posso a face ver,*
> *Na sua graça vou viver;*
> *Em cada transe, a suportar,*
> *Sempre hei de nele confiar.*
> (Bíblia, 1993, página 436)

Como cristãos, a nossa esperança está em Cristo! Apenas pela graça, com convicção afirmamos esta esperança no meio do sofrimento, da privação económica, vasta disparidade social, ditadura governamental ou o trabalho hediondo de terroristas.

A nossa esperança, como cristãos, está no Deus de Abraão, Isaque e Jacó, o Deus que estava em Cristo a reconciliar o mundo consigo mesmo. **O centro do Evangelho cristão é a reconciliação de toda a criação com Deus através de Jesus Cristo.** Este velho corinho di-lo correctamente: "Este mundo não é a minha casa, estou apenas de passagem." Vivemos neste mundo, mas não somos deste mundo.

Como cristãos, a nossa esperança não é apenas para esta vida, é para a vida eterna com o Deus trino. A questão que enfrentamos como seguidores de Jesus Cristo é: estamos a viver fielmente como membros da "comunidade do Rei", com os "olhos" do reino, confiança implacável e esperança radical?

Eu, a Anne e o Stephen vivíamos em Manila, nas Filipinas, antes de nos mudarmos em 1989 para Mount Vernon, Ohio. Nessa altura, o salário médio per capita era de 700$ por ano. Adorámos com lindos cristãos filipinos, cuja alegria era contagiosa. As instalações da sua igreja eram simples. As suas casas eram modestas e escassas. Muitos iam ao mercado cada dia para comprar comida porque não tinham frigorífico em casa.

Ainda assim, esses cristãos eram alegres porque a sua esperança não estava no seu governo, emprego ou salário. A sua esperança estava em Jesus Cristo para a sua salvação e para o seu conforto. Eles realmente acreditavam nisto: "este mundo não é a minha casa, só estou de passagem."

A esperança em Cristo não significa que iremos evitar ou ser capazes de ignorar o sofrimento. Sabemos que a esperança nascida da fé é nutrida e purificada através da dor, sofrimento e dificuldade. No entanto, a base da nossa esperança tem a ver com Aquele que é mais forte do que o sofrimento que encontramos.

O povo de Israel reflectia repetidamente na sua história e discerniu a mão orientadora de Deus em muitos eventos dolorosos. A memória recorda-nos da fidelidade de Deus em tempos difíceis e em momentos alegres. Sem a memória, não há expectativa.

Sem a expectativa, experimentamos os minutos, horas e dias da nossa vida de forma diferente. A esperança cristã não está dependente da paz na terra ou da justiça no mundo.

Um refrão que frequentemente cantamos nos cultos na capela da MVNU inclui estas palavras:

A minha vida está em Ti, Senhor,
A minha força está em Ti, Senhor,
A minha esperança está em Ti, Senhor,
Em Ti, está em Ti.

Vou louvar-Te com tudo na minha vida,
Vou louvar-Te com toda a minha força,
Com toda a minha vida,
Com toda a minha força,
Toda a minha esperança está em Ti!
A minha vida está em Ti, Senhor,
A minha força está em Ti, Senhor,
A minha esperança está em Ti, Senhor,
Em Ti, está em Ti.
(autor desconhecido)

A esperança está disposta a deixar algumas questões sem resposta. A esperança faz-nos ver a mão orientadora de Deus, não apenas nos bons e prazerosos momentos, mas também nas sombras de desilusão e trevas.

Porquê? Porque cremos! Num culto memorial na capela na MVNU no 11 de Setembro de 2002, cantámos este cântico:

PORQUE CREMOS
Cremos em Deus, o Pai,
Cremos em Cristo, o Filho,
Cremos no Espírito Santo,
Somos a Igreja e mantemo-nos como um.
Cremos na Santa Bíblia,
Cremos no nascimento virginal,
Cremos na ressurreição,
Que Cristo voltará um dia à terra.
Cremos no sangue de Jesus,
Cremos na vida eterna,
Cremos que o Seu sangue nos liberta,
Para nos tornarmos a Noiva de Cristo.
(Refrão)
Santo, santo, santo é o nosso Deus,
Digno, digno, digno é o nosso Rei!
Toda a glória e honra Ele merece receber,

A Jesus cantamos porque cremos!
(letra de Don Moen, 1997)

Que estas palavras nos transmitam graça, paz e esperança à medida que reflectimos acerca da "esperança" de liderança da reconciliação e transformação - individual e colectivamente - especialmente em tempos difíceis e confusos!

Os líderes são mercadores de esperança. Líderes servos radiam a esperança cristã em tempos confusos e conflituosos numa comunidade de fé.

Não falamos frequentemente da dor da liderança; mas, no entanto, ela é real. Pessoas boas e devotas a Deus experimentam diferenças claras e intensas. E nós somos chamados a servir fielmente no meio desses conflitos, mesmo quando as diferenças entre visões e valores parecem irreconciliáveis.

Habacuque e Paulo providenciam-nos palavras de orientação. Esteja satisfeito. Viva pela sua fé. *"Que a vossa equidade seja conhecida por todos"* (Filipenses 4:5).

Poderá experimentar situações onde os líderes têm estado "demasiado satisfeitos" e estão bastante felizes com o seu *status quo*. Família, amigos ou uma junta governativa podem precisar de voltar às "sete âncoras" no meio de uma confrontação cuidadosa.

Dê graças com um coração grato e esperança radiante... até em alturas dolorosas! A gratidão é a diferença entre mudar uma situação com ou sem frustração. Gratidão!

INDICADOR SEIS

A EVIDÊNCIA DE UMA LIDERANÇA DECISIVA É REFLECTIDA NO CRESCIMENTO QUALITATIVO DOS LIDERADOS

A EVIDÊNCIA DE UMA LIDERANÇA DECISIVA É REFLECTIDA NO CRESCIMENTO QUALITATIVO DOS LIDERADOS.

A liderança é conhecida pelas personalidades que enriquece, não por aquelas que domina ou torna cativa. A liderança não é um processo de exploração de outros para fins alheios. É um processo de ajudar os outros a descobrirem-se ao alcançar os objectivos que se têm tornado intrínsecos a eles. A prova da liderança está no crescimento qualitativo do liderado como indivíduo e como membros do grupo.

Harold W. Reed

O Líder Servo é Primeiramente Servo

O líder servo é primeiramente um servo... Começa com um sentimento natural que a pessoa tem em servir primeiramente. Então, uma escolha consciente leva a pessoa a desejar liderar. A diferença manifesta-se no cuidado tomado pelo servo - primeiro para se assegurar que as maiores necessidades primárias das pessoas estão a ser servidas. O melhor teste, e difícil de administrar é: será que os que estão a ser servidos crescem como pessoas; será que eles, enquanto são servidos, se tornam mais saudáveis, mais sábios, mais livres, mais autónomos, e será que é mais provável que se tornem servos? E, qual é o efeito do menos privilegiado na sociedade; irão eles beneficiar ou, pelo menos não ficar mais desprovidos?[65]

Este capítulo explora o rico relacionamento entre o líder e o liderado. Visto que o objectivo do líder é nutrir o liderado, iremos examinar seis qualidades (confiança, quebrantamento, gratidão, hospitalidade, compaixão e persistência) que irão ajudar o líder a buscar a sua missão vocacional de liderança, liderando decisivamente, com uma visão de servir.

Por outras palavras, que valores, objectivos e atitudes são necessários para que um líder traga à tona o melhor e nutra efectivamente aqueles que são servidos, para que eles sejam equipados para crescer como pessoas que eventualmente possam vir a ser servos e líderes servos? Com que ferramentas e características deveria o líder vir preparado para alcançar a tarefa de uma liderança decisiva enquanto serve? Como é que um indivíduo pode liderar de tal forma que as pessoas servidas crescem no processo, à medida que líder e liderados trabalham juntos para alcançar os objectivos acordados para o avanço do Reino? Retirar o melhor e nutrir o crescimento naqueles que lideramos são evidências da liderança cristã.

Este capítulo remete ao INDICADOR DOIS. No Capítulo Dois, explorámos como o líder é uma conduta do poder de Deus, como o poder do líder servo vem de Deus e como a humildade para com os liderados é o carácter geral que o líder servo cristão deverá empregar para ser eficaz. Neste capítulo sobre *evidência*, iremos abordar em detalhe as qualidades do líder servo eficaz, e as qualidades que o líder precisa de internalizar para ser eficaz.

As seis qualidades essenciais (Figura 6.1) são a fundação do servo líder para uma liderança decisiva. Empregar essas seis qualidades essenciais levará ao crescimento qualitativo dos liderados ou à "evidência" da liderança serva eficaz, visionária e decisiva. Nas seis seguintes secções, iremos explorar como líderes resolutos têm empregue cada uma das seis qualidades. Elas representam a caixa *de ferramentas* do líder para a liderança serva bem-sucedida.

SEJAMOS A MUDANÇA QUE BUSCAMOS PRODUZIR NOS OUTROS.

Figura 6.1. Qualidades essenciais de um líder servo. © E.L Fairbanks

CONFIANÇA – O Fundamento de Qualidade da Liderança numa Comunidade de Fé

Como demonstrado na Figura 6.1, a confiança é o fundamento no qual somos edificados. A confiança é o primeiro componente ou qualidade essencial da liderança serva cristã. Da mesma forma, como cristãos, a nossa confiança em Deus é fundamental para as nossas crenças. Confiamos em Deus. Confiamos na Sua palavra. A confiança é apresentada ao longo da

Bíblia como uma característica fundamental do nosso relacionamento com Deus e Jesus Cristo. Em Gálatas 3:11, Paulo escreve "o justo viverá pela fé"; e em Efésios 2:8, Paulo reafirma que é pela fé que aceitamos a graça de Deus. Confiamos em Deus. A fé e a confiança estão relacionadas de perto. Salmos 125:1 compara a nossa confiança no Senhor ao Monte de Sião, "que não se abala, mas permanece para sempre."

Como todos sabemos da experiência do passado, tanto de sermos líderes como liderados, a menos que aqueles que lideramos confiem em nós, a nossa eficácia é duvidosa como líderes cristãos. Os liderados irão dar tempo ao líder para construir confiança no relacionamento líder-liderado. No entanto, ao longo do tempo, se a confiança não for estabelecida, a eficácia do líder irá declinar. Além disso, como líderes cristãos, precisamos de incorporar o pensamento de que a confiança começa connosco. A confiança é uma estrada de dois sentidos. Para que os liderados confiem no líder, o líder deve confiar nos liderados. Precisamos de confiar naqueles que estamos a liderar.

Para explorar o conceito de confiança, vou tomar emprestada a obra de Lovett H. Weems, Jr., antigo presidente da Saint Paul School of Theology em Kansas City, Missouri. Ele serve agora como professor distinguido da liderança da igreja e director do Lewis Center para o Desenvolvimento da Igreja no Wesley Theological Seminary em Washington, DC. Desejo prosseguir no assunto da confiança com uma história interessante do Dr. Weems e então olhar para os três principais componentes de acordo com ele: relacionamentos, integridade e competência.

Ouvi o líder do seminário a apresentar este material em Outubro de 2001, quando 48 líderes, representando empresas, o governo, organizações sem fins lucrativos, académicos e a igreja, se encontraram por três dias no Sandburg Leadership Center no campus do Ashland Theological Seminary em Ashland, Ohio. Richard Leslie Parrott era o director do Sandburg Leadership Center na altura da conferência.[66] O Dr. Parrott serve agora como professor de Liderança e Desenvolvimento Organizacional na Trevecca Nazarene University em Nashville, Tennessee. Na sua apresentação para a conferência, o Dr. Weems apresentou a ideia de "Confiança" com a seguinte história.

Os presidentes de seminários gastam muito tempo a angariar fundos. Há anos atrás ouvi a estatística de que as grandes ofertas costumam chegar depois de uma dúzia de visitas, frequentemente pelo presidente. Eu estava perto de alcançar essa média estatística com uma senhora nos seus noventa anos. Ela tinha muitos recursos, não tinha família, tinha fortes laços com a igreja, interesse na nossa escola e ainda assim nunca tinha dado uma oferta. Apesar disso, agendei mais uma visita com ela, marcando um voo com uma longa escala na sua cidade para que eu pudesse levá-la a jantar, como era nosso padrão habitual.

Quando cheguei a casa dela, ela não estava vestida para sair. Indicou que não se estava a sentir bem e que talvez eu pudesse entrar por apenas alguns minutos e depois poderia voltar para o aeroporto. Falámos algum tempo na sua sala de visitas. Então, quando nos estávamos a aproximar da porta à medida que eu estava a sair, ela disse simplesmente: "Eu confio em si." Soube nessa altura que poderíamos receber uma oferta considerável. Ela deixou metade da sua herança ao seminário para bolsas de estudo para estudantes.

Tornou-se claro para mim que as pessoas dão por causa de confiança e que a confiança cresce dos relacionamentos e experiências que engendram tal confiança.[67]

Quando os líderes da igreja começam a ler livros supostamente seculares acerca de liderança, é, frequentemente, uma grande surpresa que a linguagem usada nos melhores livros parece vir do vocabulário da igreja. Os líderes da igreja podem esperar encontrar grelhas, esquemas e desenhos elaborados. Em vez disso, as palavras dominantes têm a ver com valores, carácter e autodisciplina. Torna-se muito evidente desde cedo que não há forma de falar de liderança sem falar de valores, significado, carácter e relacionamentos.

O Dr. Weems apresentou-me de novo a um termo usado na teoria de comunicação - "prova ética" do orador. "Prova ética" refere-se à credibilidade que os ouvintes conferem ao orador. Quando a prova ética é elevada, a tarefa de persuadir a audiência não é difícil. Quando é neutra, o orador tem uma tarefa mais difícil. Quando ela é extremamente negativa, o orador tem muita dificuldade em persuadir a audiência. Este conceito significa que a forma como os participantes percepcionam o líder é provavelmente muito mais importante do que os *factos* da apresentação[68].

Assim acontece com a presença da confiança e credibilidade entre líderes e constituintes. James Kouzes fala da credibilidade como "crédito-habilidade".[69] As pessoas estão sempre a analisar a nossa credibilidade da mesma forma como um banco avalia o nosso valor de crédito. De facto, a credibilidade é o capital de trabalho do líder. É à credibilidade que o líder recorre para possibilitar mudanças criativas. A credibilidade é o fundamento sobre o qual a liderança eficaz é construída.

A confiança do líder é ganha muito devagar, mas pode ser perdida rapidamente. Uma vez perdida, esta confiança é muito difícil de ser ganha novamente no contexto de liderança. As pessoas podem dar-nos uma posição de liderança por eleição ou emprego. No entanto, a credibilidade necessária para liderar deve ser realizada no meio das pessoas com as quais servimos. É a confiança daqueles com quem o líder trabalha mais de perto que dá ao líder o elemento essencial de credibilidade.

A confiança é uma parte constante da nossa vida diária. Confiamos na electricidade ao ligar o interruptor, confiamos nos sinais de trânsito para controlar o fluir do trânsito, na chave para abrir a fechadura e por aí adiante. Relativamente a relacionamentos, a nossa interacção com colegas e membros da família é construída na confiança. A confiança permite-nos ser pró-activos, eficientes. De acordo com o Dr. Weems, com pouco nível de confiança, cada interacção e partilha teria uma "taxa" imposta para tornar difícil o progresso. A nossa eficiência seria interrompida[70].

Liderar em contextos sem confiança é muito difícil. Liderar para promover a mudança nesses contextos é quase impossível. Ou seja, como líderes servos cristãos, é essencial que promovamos confiança nos nossos relacionamentos[71].

Relacionamentos. Os relacionamentos alimentam a confiança e a confiança permite que os relacionamentos se expandam. A confiança e os relacionamentos crescem juntos. Expandir um requer expandir o outro. Aprofundar relacionamentos requer confiança aprofundada. Os relacionamentos foram um factor crítico para o sucesso de Paulo nas fases iniciais do cristianismo. As suas experiências e escritos mostram que ele trabalhou sobre relacionamentos existentes para liderar a igreja de longe. Das cartas de Paulo vemos quão profundamente ele confiou nos cristãos primitivos e como eles devem ter confiado nele. No contexto de sermos líderes cristãos dentro das nossas instituições, sejam igrejas, colégios ou organizações ministeriais, os *relacionamentos* precedem planos e programas.

Os relacionamentos são críticos para executar programas com sucesso. Os líderes podem esperar uma aceitação tácita da sua liderança nos primeiros estágios dos relacionamentos; no entanto, o relacionamento deve crescer para que os resultados do grupo sejam atingidos e para que os programas planeados sejam bem-sucedidos. Kouzes e Posner apontam que a liderança bem-sucedida é "um relacionamento recíproco entre aqueles que escolhem liderar e aqueles que decidem seguir"[72].

A confiança duradoura entre aqueles que lideramos vem da interacção activa, no dia a dia, entre líder e liderado, para explorar e resolver assuntos activos. Essa interacção entre líder-liderado requer a presença do líder. Portanto, é vital que haja um relacionamento activo para construir a confiança. Essa presença e interacção activa entre líder e liderado é a *comunicação*. Paulo viajou bastante para visitar a igreja em crescimento; depois, quando incapaz de viajar ou quando um assunto precisava de ser abordado mais rapidamente do que seria possível viajar até lá para o resolver, ele escrevia cartas e enviava emissários.

Paulo preocupava-se verdadeiramente com aqueles que estavam nas igrejas a quem ele escrevia. Da mesma maneira, o nosso cuidado para com quem lideramos torna-se vital para que os liderados continuem a investir no relacionamento. O nosso cuidado torna mais íntimo o relacionamento e a confiança fortalece-o. Como Weems notou, o nosso sucesso como líderes vai além do cuidado. Alcança o mesmo nível de cuidado que Paulo tinha pelos primeiros cristãos, alcança o nível do amor.

O Dr. Martin Luther King, Jr. disse: "Quem poderias mudar, deves primeiramente amar".[73] Escritos seculares destacam a mesma questão ao dizerem "Provavelmente o segredo mais escondido dos líderes bem-sucedidos é o amor"[74].

Ou seja, os relacionamentos são a forma como a confiança é desenvolvida; e, como líderes, precisamos de estar activamente envolvidos, dia a dia, nesses relacionamentos. Em grandes organizações onde os relacionamentos um-a-um não são possíveis, precisamos de garantir que há pessoas e programas preparados para providenciar este cuidado. Como no caso de Paulo, precisamos de elevar o nosso cuidado ao nível de amor por quem lideramos.

Integridade. A integridade constrói a confiança ao ter honestidade e consistência como parte mandatária das palavras e acções dos líderes. Assim como a fé e as obras vão de mãos dadas e trabalham juntas, a integridade das nossas palavras e acções são indicadores da nossa integridade. A integridade e confiança são directamente complementares. A falta de integridade corrói a confiança. Note que a integridade não é perfeição, mas sim consistência. As palavras e acções dos líderes são consistentes umas com a outras; elas trabalham em conjunto; são complementares.

Uma história de Weems mostra como a integridade é construída pela consistência entre as palavras e as acções. Tenho tido experiências parecidas e assumo que a/o irmã/o também.

> Durante vários anos, um pastor da United Methodist serviu no Mississippi com grande dificuldade. Ele e a sua família mudaram-se regularmente de uma casa pastoral para a outra, por vezes apenas um ano depois. Eram várias as razões para as mudanças frequentes. As diferenças educacionais, pessoais e sociais entre o pastor e as congregações atribuídas eram gigantes. No entanto, na superfície do conflito da igreja com o seu pastor, estava um testemunho profundo do pastor contra a segregação e racismo da actualidade.
>
> Quando o Supremo Tribunal de Justiça dos Estados Unidos tomou uma decisão no fim de 1969 que finalmente estabeleceu os sistemas unitários de escola por todo o Sul, este pastor estava a servir uma congregação caucasiana no Delta do Mississippi onde eram comuns as maiorias de população afro-americanas. A comunidade do pastor estava no distrito de uma escola afectada pela regra. Dentro de umas semanas, os caucasianos deixaram o sistema da escola pública com a excepção dos filhos do pastor.

Um comité da igreja marcou uma reunião com o bispo da United Methodist para falar acerca do pastor para o próximo ano. Os bispos estavam acostumados a reunir-se com juntas chateadas com esta situação relativamente ao seu pastor particular. No entanto, o bispo ficou surpreendido pela mensagem da junta. Eles disseram: "Não concordamos ou compreendemos o que o pastor e a sua família estão a fazer. No entanto, respeitamos o seu compromisso para com as suas crenças. Compreendemos, bispo, que seja melhor que a nossa família pastoral se mude. Mas queremos que saiba que o nosso pedido para si é que o nosso pastor, a quem respeitamos, volte para outro ano".[75]

No Salmo 25:21, David coloca a integridade juntamente com a sua justiça como seus protectores duplos. Jesus falou acerca da integridade quando contou a parábola do senhor e do seu mordomo infiel. Jesus avisou-nos que ser honesto com o pouco é tão importante como ser honesto com o muito. Além disso, se não podem confiar-nos a riqueza do mundo, como podem confiar-nos com as "verdadeiras riquezas" do reino de Deus (Lucas 16:1-12)? Portanto, como temos aprendido durante muitos anos, construímos a nossa própria reputação, tanto com aqueles que lideramos como com Deus. Para aqueles que lideramos, precisamos de manter a maior integridade ou consistência entre a palavra e a acção.

O formato da interacção líder-liderado é o relacionamento; é nos relacionamentos onde a confiança é construída; e a integridade (ou consistência em palavras e acções) ajuda o líder a construir a confiança do liderado. Para que a evidência do servo bem-sucedido ocorra, são exigidos o exemplo consistente e o poder da integridade.

Competência. A competência é o terceiro componente da confiança. Falando francamente, os nossos seguidores olham para nós para serem capazes de alcançar o que precisa de ser feito. Se consistentemente falharmos, a confiança será dissolvida. O líder precisa de abordar eficazmente as necessidades correntes do grupo.

A confiança ocorre em e a partir de relacionamentos. A integridade (consistência em palavras e acções) é vital para construir a confiança e a competência (a capacidade de abordar as necessidades da organização) é necessária para construir confiança a longo prazo. Como líderes, sabemos que depois do período inicial de "lua de mel" em qualquer relacionamento, o liderado espera que os líderes vão de encontro às expectativas em competência para que o trabalho seja feito. Na arena religiosa, esta expectativa toma um peso adicional.

Um estudo de congregações muito grandes verificou que os seus líderes pastorais "estabelecem a sua autoridade ou direito de liderar não primariamente pela virtude da função que têm ou por causa das suas credenciais formais, mas mais por causa de *uma combinação de competência demonstrada e autenticidade religiosa*"[76]. Portanto, a competência e a integridade trabalham juntas.

Um mal-entendido comum é a competência ser confundida com genialidade por parte do líder. Genialidade ou inteligência não é sinónimo de competência. Em vez disso, a habilidade desejada é ouvir, depois analisar, resultando em acção para conclusão. É ouvir, compreender e depois liderar o grupo para a acção apropriada. Estejamos conscientes ou não, os liderados vão responsabilizar-nos em ir de encontro às necessidades. A nossa capacidade de abordar, com sucesso, a necessidade é um reflexo da nossa competência. Ser competente é ajudar o grupo a trabalhar numa tarefa até à sua conclusão bem-sucedida. Não é a capacidade do líder de realizar, sozinho, a tarefa; em vez disso, é a habilidade de compreender a tarefa e garantir que o grupo a completa. No contexto institucional, a competência do líder é demonstrada pela habilidade de alcançar objectivos usando uma abordagem colaborativa para que os liderados alcancem a tarefa.

Outro aspecto de competência é a capacidade de permanecer focado. Se é desejado que se alcance a tarefa colaborativamente, então, a responsabilidade do líder é manter o grupo focado na tarefa até que ela seja alcançada com sucesso. Fazê-lo é competência. Este foco deve ser unido com acções apropriadas e conhecimento prático da tarefa em questão. A competência requer que o líder se familiarize com a tarefa em mãos, mesmo se não fizer pessoalmente o trabalho. A competência é o ouvir e a acção focada. A competência requer trabalho por parte do líder.

Confiança, visão e liderança. A confiança por si só não faz a liderança, especialmente a liderança cristã. Reflectindo nos princípios básicos deste livro, como é que a vida de Cristo muda a forma como levamos a cabo as nossas responsabilidades como líderes?

A liderança de Cristo uniu uma forte visão com a confiança para ser um forte líder. Como Ele, o líder servo cristão bem-sucedido deve unir a visão à confiança. Sem visão, o líder torna-se um gestor de *status quo*. Com visão e confiança, o líder leva o liderado em frente. A visão com paixão e compromisso inspira os liderados. A visão transforma a confiança inanimada numa liderança viva, efectiva. O Novo Testamento mostra repetidamente como Jesus Cristo continuamente demonstrou visão apaixonada para inspirar os Seus seguidores. Cristo trabalhou incansavelmente para isto. Pelo Seu exemplo, podemos ver que ser um líder requer visão e paixão e elas são dadas pela energia. A visão e a inspiração exigem trabalho. A visão com paixão, compromisso e dedicação inspiram os liderados a alcançar para além do que tinham antecipado.

No entanto, precisamos de ter em mente o que aprendemos nos capítulos três, quatro e cinco. Nesses capítulos sobre OBJECTIVO, MÉTODO e DOR, foi-nos lembrado que ser um líder é uma obra disciplinada. Entre as muitas responsabilidades do líder, manter o equilíbrio entre a confiança e a visão é uma que o líder cristão precisa de manter incansavelmente. O líder, com confiança e sem visão, administra ou mantém o *status quo*. O líder com visão e sem confiança terá um tempo curto como líder, pois precisa liderados. Um líder abandonado pelos liderados já não está a liderar.

O exemplo de Jesus como um líder inspiracional com uma visão é um exemplo e modelo interessante, quando se tenta desenvolver qualidades e características da liderança serva. Jesus declarou, apaixonadamente, uma visão singular a uma comunidade heterogénea na encruzilhada do mundo mediterrâneo. A sua visão era radicalmente diferente da sabedoria convencional da fé judaica e os seus vários grupos, assim como da cultura romana. Ainda assim, com visão inspirada que chegou para lá do mundo conhecido pelos Seus seguidores, Ele foi capaz de ser o líder e servo supremo.

Seguindo o exemplo de Jesus, a visão para transformar a confiança na liderança não precisa de ser complexa. Repetidamente, os discípulos e apóstolos de Jesus comunicavam uma visão simples da nova igreja:

aceitar Jesus no coração para ser salvo. No caso de sermos líderes servos, a nossa visão deve ser igualmente simples e directa. A visão deve ser curta e muito fácil para qualquer um dos liderados explicar.

A visão dá vida à confiança. A visão é propulsora da confiança. Sendo assim, a confiança é a armadura da visão. A visão apaixonadamente procurada pode exceder as barreiras colocadas pela confiança - a confiança ganha a partir da integridade e competência e desenvolvida em relacionamentos. A visão pode tornar-se na sua própria mestre. Todos nós temos visto exemplos disto a acontecer - a visão exceder os limites colocados pela confiança dos liderados. Jesus fala directamente sobre este risco nas Bem-Aventuranças (Mateus 5:3-12) especialmente no versículo 5: "Bem-aventurados os mansos porque eles herdarão a terra." Nenhum líder está isento de prestar contas ao seu rebanho. Isto é especialmente verdade para o líder servo. A orientação e visão do líder nunca deve exceder a confiança colocada no líder pelos liderados, como se a confiança fosse dispensável em favor de alcançar a visão.

Quebrantamento: A Qualidade Essencial que Purifica as nossas Ambições

"Pois tu, ó Deus, nos provaste; tu nos afinaste como se afina a prata. Tu nos puseste na rede; afligiste os nossos lombos, fizeste com que os homens cavalgassem sobre as nossas cabeças; passamos pelo fogo e pela água; mas nos trouxeste a um lugar espaçoso" (Salmos 66:10-12).

O Quebrantamento é a segunda qualidade essencial na qual a liderança decisiva é construída. O relacionamento entre o quebrantamento e a liderança no mundo real da igreja local ou numa comunidade cristã frequentemente apresenta expectativas conflituantes e múltiplas exigências para o líder. Nessas situações, como é que, consistentemente, lideramos de forma cristã e com visão e coragem? Nessas tarefas de ministério, como podemos exercer uma liderança decisiva quando nos sentimos abusados, manipulados, enfraquecidos e ignorados? E se Deus tem permitido que palavras sejam ditas ou acções sejam feitas contra nós, porque é que isso acontece? O que é que Ele quer ensinar-lhe... e a mim? O que é que Ele quer ensinar aos outros? Qual é a relação entre a liderança pastoral e o quebrantamento do espírito que frequentemente experimentamos nessas situações?

Wesley usava esta oração de pacto muitas vezes no início de cada novo ano.

> *Já não sou mais de mim, mas Teu.*
> *Coloca-me onde Tu queres,*
> *Coloca-me com quem Tu queres.*
> *Coloca-me a fazer, coloca-me a sofrer.*
> *Que eu seja empregue por Ti ou separado para Ti.*
> *Exaltado por Ti e trazido para baixo por Ti.*
> *Deixa-me ter todas as coisas, deixa-me nada ter.*
> *Eu livremente e sinceramente cedo todas as coisas para*
> *o Teu prazer e disposição.*
> *E agora, oh glorioso e abençoado Deus,*
> *Pai, Filho e Espírito Santo,*
> *Tu és meu e eu sou Teu,*
> *Que assim seja.*
> *E o pacto que eu tenho feito na terra,*
> *Seja ratificado no céu. Ámen.*

O que é que ouviu na oração de John Wesley? Ouviu as palavras "sofrimento; separado para Ti; trazido para baixo por Ti; nada ter; disposição"? Estas são descrições de um coração quebrantado.

Qual é a relação entre o quebrantamento (como descrito por Wesley) e a liderança semelhante a Cristo ou serva? Como é que uma pessoa pode eficazmente liderar com uma postura de um líder "ferido"? Como é que deveria uma pessoa liderar com um "coração quebrantado"? Como é que o líder servo pode ter esperança de ver os resultados desejados de mudança qualitativa entre os liderados, a evidência da liderança, com um "coração quebrantado"?

O quebrantamento é um daqueles aspectos inatingíveis que é mais fácil de ser reconhecido quando é experimentado, mas mais difícil de descrever. O quebrantamento não é o mesmo que humildade, mas leva à humildade. O quebrantamento varia em níveis desde o desconforto até à dor emocional aparentemente insuportável. Por vezes, Deus usa o quebrantamento quando precisa de chamar a nossa atenção - onde quer que estejamos na nossa caminhada com Ele. Esse foi o caso de Job e as suas aflições.

Por vezes acontecem coisas que estão fora do nosso controlo. Deus não causa as circunstâncias; no entanto, Ele permite que elas aconteçam. Deus pode usar o nosso quebrantamento para nos aproximar d'Ele. Ele usa o quebrantamento trazido por outros para nos aproximar d'Ele. Escute Salmos 51:16-17 - *"Os sacrifícios para Deus são o espírito quebrantado; a um coração quebrantado e contrito não desprezarás, ó Deus."* O processo de Deus de nos ajudar a desenvolver o carácter envolve estar quebrantado perante Ele.

Quais são as qualidades de carácter que Deus quer formar em nós (frequentemente através do quebrantamento)? "Semelhantemente vós jovens, sede sujeitos aos anciãos; e sede todos sujeitos uns aos outros, e revesti-vos de humildade, porque Deus resiste aos soberbos, mas dá graça aos humildes. Humilhai-vos, pois, debaixo da potente mão de Deus, para que a seu tempo vos exalte; Lançando sobre ele toda a vossa ansiedade, porque ele tem cuidado de vós. Sede sóbrios; vigiai; porque o diabo, vosso adversário, anda em derredor, bramando como leão, buscando a quem possa tragar; Ao qual resisti firmes na fé, sabendo que as mesmas aflições se cumprem entre os vossos irmãos no mundo" (1 Pedro 1:5-9).

Nelson fez algumas declarações poderosas relativamente ao quebrantamento:

O quebrantamento purifica as nossas ambições.

O quebrantamento permite-nos ver os nossos pontos cegos.

"Mandamos pedras aos outros", diz ele,

"por causa dos nossos pontos cegos."

O processo de quebrantamento produz um líder no qual se pode confiar.[77]

Nelson citou o pastor coreano de uma mega-igreja, Paul Cho: "Ainda estou para ver um líder que Deus tenha usado tremendamente que não tenha estado quebrantado"[78].

As próximas questões ajudam-nos à medida que verificamos essas atitudes para o quebrantamento. As nossas respostas diárias a essas questões caracterizam-nos no nosso melhor e condenam-nos no nosso pior.

1. Estou disposto/a a desistir dos meus sonhos e ambições se essa for a vontade de Deus?
2. Fico na defensiva quando sou acusado, criticado ou mal compreendido?
3. Cobiço o que os outros têm em vez de desejar as recompensas do céu?
4. Perdoo quando ofendido, com ou sem um pedido de desculpas?
5. Queixo-me ou argumento por causa de direitos não satisfeitos?
6. Penso nos outros primeiramente por amor?
7. Pareço orgulhoso/a por estar sempre correcto ou sei todas as respostas?
8. Pratico as disciplinas espirituais (oração, jejum, solidão, simplicidade)?
9. Tenho estado silencioso/a relativamente à autopromoção?
10. Tenho diariamente dito: "Deus, independente do que isso trouxer, estou disposto/a a submeter-me à Tua liderança"?
11. Estou a exprimir alegria nas dificuldades, que servem para me refinar?
12. Estou a tomar riscos por causa da obediência a Cristo, em vez de me deixar levar pelo medo, orgulho ou negação?

Recorde-se: um líder que se permita passar pelo processo de quebrantamento produz um líder que pode ser confiado.

Quais são os _frutos_ do quebrantamento? Ninguém quer estar quebrantado. Porque é que é necessário que os líderes cristãos estejam quebrantados? Os frutos do quebrantamento são a humildade, autenticidade, integridade e sensibilidade. Todas essas qualidades são desejáveis ao líder. Foquemo-nos mais de perto no "fruto" da _humildade_ como uma parte do quebrantamento.

A humildade é outra palavra difícil de definir, mas é necessária se o líder deve ser eficaz. Recorde-se de Efésios 4:1-2: "*Rogo-vos, pois, eu, o preso do Senhor, que andeis como é digno da vocação com que fostes chamados, com toda a humildade e mansidão, com longanimidade, suportando-vos uns aos outros em amor.*" Em Provérbios 15:33, lemos: "*Precedendo a honra vai a humildade.*"

Na perspectiva bíblica, a humildade é um pré-requisito para as coisas que mais buscamos nas nossas vidas. Escute estas sete maneiras - muito comuns - de detectar um espírito humilde.

A humildade não exige as coisas à sua maneira.

A humildade exalta uma atitude de serviço

(serviço é fazer coisas comuns que ajudam os outros).

A humildade não busca atenção ou crédito.

A humildade perdoa quando ofendida, mas é difícil de ofender.

A humildade não critica os outros.

A humildade produz um espírito ensinável.

A humildade é graciosa e grata.

De facto, um dos atributos mais semelhantes a Deus que podemos expressar é um espírito gracioso - um espírito de misericórdia e acção de graças[79].

Romanos 12:21 refere que o servo "*vence o mal com o bem*". O cabeçalho do parágrafo da grande passagem de *kenosis*, Filipenses 2:1-11, é "Imitando a humildade de Cristo". Lê-se:

> Portanto, se há algum conforto em Cristo, se alguma consolação de amor, se alguma comunhão no Espírito, se alguns entranháveis afectos e compaixões, completai o meu gozo, para que sintais o mesmo, tendo o mesmo amor, o mesmo ânimo, sentindo uma mesma coisa. Nada façais por contenda ou por vanglória, mas por humildade; cada um considere os outros superiores a si mesmo. Não atente cada um para o que é propriamente seu, mas cada qual também para o que é dos outros. De sorte que haja em vós o mesmo sentimento que houve também em Cristo Jesus, que, sendo em forma de Deus, não teve por usurpação ser igual a Deus, mas esvaziou-se a si mesmo, tomando a forma de servo, fazendo-se semelhante aos homens; E, achado na forma de homem, humilhou-se a si mesmo,

sendo obediente até à morte, e morte de cruz. Por isso, também Deus o exaltou soberanamente, e lhe deu um nome que é sobre todo o nome; Para que ao nome de Jesus se dobre todo o joelho dos que estão nos céus, e na terra, e debaixo da terra, e toda a língua confesse que Jesus Cristo é o Senhor, para glória de Deus Pai.

Podemos responder de uma de duas formas ao quebrantamento nas nossas vidas. Podemos ressentir a situação, pessoa, circunstância ou Deus e ficar amargurados, chateados e afastarmo-nos. Ou, podemos ajoelhar-nos e perguntar a Deus o que Ele quer ensinar-nos através do quebrantamento. Precisamos de aprender certas coisas acerca de nós mesmos se queremos crescer e amadurecer na fé e na nossa chamada. Por outro lado, isso irá nutrir qualidades de carácter necessárias como líderes servos e a nossa capacidade de alcançar o objectivo da mudança qualitativa entre os liderados, a evidência da liderança serva.

Deus frequentemente usa pessoas que são diferentes de nós, pessoas com quem temos problemas, para nos ensinar essas lições que precisamos de saber acerca de nós mesmos. Por mais fortes que pensemos ser, reconhecemos quão fracos realmente somos e o quanto precisamos do nosso Pai celestial se queremos liderar da forma que Ele quer que lideremos. Demasiadas vezes parece que somos levados a ajoelhar-nos com as palavras de 2 Coríntios 12:9: *"E disse-me: A minha graça te basta, porque o meu poder se aperfeiçoa na fraqueza."*

As palavras deste cântico contemporâneo lembram-nos da verdade desta passagem.

> *A Sua força é perfeita quando a nossa força se vai,*
> *Ele irá levar-nos quando não conseguirmos continuar,*
> *Levantados no Seu poder, o fraco torna-se forte,*
> *A sua força é perfeita, a Sua força é perfeita.*
> (Letra e música de Stephen Curtis Chapman)

Como tal, devemos responder como líderes cristãos...

- cedendo a responsabilidade do "liderado" a Cristo que habita em nós pelo Seu Espírito

- ao viver em, através, e das disciplinas espirituais da oração, estudo bíblico e solidão
- ao viver uma vida cheia de "graça"
- ao focar-nos na nossa jornada e relacionamento com Cristo e não nos outros e nas suas expectativas
- ao liderar pastoralmente pela dor e quebrantamento (em vez de os negar)
- reconhecendo as nossas fraquezas e a nossa total dependência de Cristo que habita dentro de nós pelo Seu Espírito. Ele é Aquele que irá capacitar, guiar e confortar o pastor e outros líderes que busquem liderar a partir do seu quebrantamento
- esperando dificuldades, tentações, abuso verbal, mal-entendidos, rejeição e um sentido de ser "usado" por algumas pessoas que devemos liderar
- ao nos relacionarmos como irmãos e irmãs em Cristo com quem professa fé em Cristo na comunidade cristã (mesmo que as evidências não apoiem o seu testemunho).

Leia novamente a oração de pacto de Wesley.

A oração de Francisco de Assis incorpora o *espírito* do líder quebrantado do Salmo 66. Deixe-me fazer esta oração por si e por mim, à medida que buscamos liderar de formas que fortaleçam a fé nos liderados:

Senhor, faz de mim um instrumento da Tua paz;
Onde há ódio, que eu mostre amor;
Onde há injúria, perdão;
Onde há dúvida, fé;
Onde há desespero, esperança;
Onde há trevas, luz;
Onde há tristeza, alegria.
Oh Mestre Divino, ajuda-me que eu possa não tanto buscar ser consolado,
mas consolar,
Ser compreendido, mas compreender,
Ser amado, mas amar
Porque é no dar que recebemos;

É em perdoar que somos perdoados;
É no morrer que nascemos para a vida eterna.

Como é que podemos liderar quando nos sentimos abusados, ignorados, manipulados?

1. Estou disposto/a a ver o meu quebrantamento?
2. Estou disposto/a a trazer o meu quebrantamento a Deus e permitir que Ele me leve à transformação?
3. Como é que o meu quebrantamento me ajudará a tornar-me num líder servo mais eficaz?

Praticar a Qualidade Essencial da Gratidão

A primeira vez que ouvi as palavras do coro **"Dê Graças"** foi em 1989, quando participei no Lausanne Congress on World Evangelization em Manila, Filipinas. Poderá conhecer as palavras.

Dê graças com um coração grato;
Dê graças ao Santo;
Dê graças porque Ele deu Jesus Cristo, o Seu filho.
E agora que os fracos digam: "Eu sou forte"
E os pobres digam: "Eu sou rico,"
Por causa do que o Senhor tem feito por nós.
Dê graças.
(Palavras e música de Henry Smith, 1978)

Cinco mil delegados de 192 países participaram numa conferência de 10 dias. Na altura da conferência, o muro de Berlim estava de pé. O bloco soviético da Europa Central e Oriental permanecia intacto. Vários países africanos estavam envolvidos em guerras civis.

Ainda assim, ouvi testemunhos da graça de Deus de delegados desses e outros países onde os cristãos eram regularmente perseguidos. Fiquei profundamente impactado.

Esses crentes aceitaram 1 Tessalonicenses 5:18 como um imperativo e uma forma de vida para eles. *"Em tudo dai graças, porque esta é a vontade de Deus em Cristo Jesus para convosco."*

Duas semanas depois, a 27 de Julho de 1989, para ser exacto, fui eleito presidente do Colégio Nazareno de Mount Vernon. Por várias razões, eu e a Anne hesitámos em aceitar a chamada. Estávamos com receio que nos esquecêssemos de alguns valores essenciais dos cristãos filipinos. Os cristãos filipinos com quem trabalhámos eram pessoas de grande gratidão. Eles oravam frequentemente pelo pão diário e eram tão livres para exprimir gratidão a Deus e a outros pelas numerosas bênçãos (uma palavra frequentemente usada pelos cristãos filipinos). Eu e a Anne não queríamos voltar aos Estados Unidos e ser apanhados no cinismo, sarcasmo, materialismo, negativismo e crítica que sentimos que era tão penetrante na América naquela altura.

Onze anos depois, o ano académico de 2000 foi uma chamada de atenção para mim. Comecei o ano a sentir-me como se tivesse sido sugado para o estilo de vida e mentalidade que detestava 11 anos antes. Isso veio-me à tona em Outubro, quando ouvi Brennan Manning durante a Estep Prayer Lecture Series da MVNU.

Na sua mensagem na capela, Manning perguntou: "Digamos que eu entrevisto 10 pessoas com a questão 'Confia em Deus?' e cada um respondeu 'Sim, confio em Deus', mas 9 dos 10 realmente NÃO confiam n'Ele. Como saberia eu qual desses cristãos estava a dizer a verdade?". Ele continuou: "Eu gravaria a vida de cada uma das 10 vidas durante um mês e depois de ver os vídeos, usaria este critério: a pessoa com um espírito de gratidão é aquele que confia em Deus."

As Escrituras recordam-nos que Deus deseja um povo grato, agradecido, não um povo que murmura, resmunga, censura e reclama.

No entanto, no nosso mundo real de viver e liderar dentro da comunidade cristã, como podemos recapturar um espírito de gratidão à medida que trabalhamos diariamente com os problemas, pessoas e perspectivas conflituosas de quem servimos?

Viveremos como discípulos fiéis com corações consistentemente gratos nas situações difíceis que enfrentamos e as exigências múltiplas colocadas em nós nas responsabilidades presentes e futuras da liderança? Eu desejo apaixonadamente que cada um de nós tenha um compromisso renovado para cultivar um espírito de gratidão nas nossas vidas. Como podemos recapturar um espírito de gratidão como uma forma de vida? Escute novamente 1 Tessalonicenses 5:18: *"Em tudo dai graças, porque esta é a vontade de Deus em Cristo Jesus para convosco."*

AO ANDAR EM GRATIDÃO COMO UMA FORMA DE VIDA, lembra-nos o texto, a nossa gratidão deve ser: ATENTA ("Dai graças"), INCLUSIVA ("Em tudo"), e CENTRADA EM DEUS ("porque esta é a vontade de Deus em Cristo Jesus").

Olhemos mais cuidadosamente para cada um desses imperativos de gratidão, a terceira qualidade essencial sobre a qual a liderança serva bem-sucedida é construída. Os três imperativos da gratidão - atenta, inclusiva e centrada em Deus - são essenciais para um cristão consistentemente **grato** e, por isso, para um líder servo.

A nossa gratidão deve ser atenta. *"Dai graças"* (1 Tessalonicenses 5:18a). Recorda-se da história em Lucas 17 dos dez leprosos limpos por Jesus? Dez foram limpos; no entanto, apenas um dos leprosos limpos voltou a Jesus para Lhe agradecer. Os outros nove não estavam conscientes que tinham sido limpos?

A atenção ao que Deus está a fazer capacita-nos a "ver" e a "focar-nos" pelos "olhos dos nossos olhos" - os nossos olhos espirituais.

Olhamos para os milagres e maravilhas de Deus nas nossas vidas - o nosso equivalente ao atravessar do Mar Vermelho, o pilar de fogo à noite e o maná diário, as protecções diárias dos nossos *inimigos* e a *cura* da nossa lepra! Com esta atenção vem a gratidão a Ele que prometeu nunca nos deixar ou abandonar! Deus realmente é por nós!

Quando estamos continuamente preocupados com os "negócios", com a tirania do urgente e com a corrida incessante de ir de encontro das expectativas de todos, os nossos pensamentos não podem estar focados. Na nossa enxurrada de actividades, Manning captou a minha atenção quando repetiu bastante alto: "...consciência, consciência, consciência, consciência..."

Uma atenção a Deus capacitada pelo Espírito alerta-nos para a presença de Deus manifestada numa música, um pássaro, um narciso, um beijo, uma palavra encorajadora de um amigo, trovoada, um recém-nascido, uma camada de neve, uma lua cheia, um nascer do sol ou um arco-íris.

Há presentes de Deus que frequentemente tomamos por garantidos. E o que dizer sobre a graça - presentes de indivíduos - pessoas com quem vivemos, trabalhamos ou adoramos - colegas e amigos neste campus ou em igrejas locais? E o que dizer acerca dos membros da nossa família e colegas de trabalho... ou mesmo empregadores? Estamos atentos aos pequenos e grandes presentes que Deus nos dá através das pessoas que estão perto de nós? Ou estamos a tomá-los como garantidos... sempre esperando mais? Na parte sudeste dos Estados Unidos, onde eu e a Anne crescemos, se passasse algum tempo com cristãos mais idosos, notaria quão frequentemente eles dizem "Obrigado Jesus".

Estar consciente e alerta da presença de Deus manifesta na previsibilidade de um emprego ou a imprevisibilidade das pessoas com quem vivemos e trabalhamos requer uma atenção a Deus capacitada pelo Espírito.

Desta perspectiva, as pessoas difíceis com quem trabalhamos, as expectativas conflituosas colocadas em nós, as múltiplas exigências e a exaustão completa que experimentamos pode ser colocada em perspectiva. Através da atenção para com as actividades de Deus nas nossas vidas, as pessoas à nossa volta e o lugar onde trabalhamos podem tornar-se uma fonte de alegria - alegria permanente - no meio de situações aparentemente impossíveis. O Espírito de Deus em nós, capacita-nos através da atenção a dar graças. A nossa gratidão deve ser atenta.

A nossa gratidão deve ser inclusiva. A nossa gratidão deve ser "em tudo" (1 Tessalonicenses 5:18b). Job pergunta: "Se recebemos a felicidade da mão de Deus, não devemos também receber a tristeza?" Nouwen escreveu num artigo da obra espiritual da gratidão:

> Ser grato pelas boas coisas que acontecem nas nossas vidas é fácil, mas ser grato por tudo nas nossas vidas - o bom assim como o mau, os momentos de alegria assim como os de dor, os sucessos assim como as falhas, as recompensas assim como as rejeições - requer um trabalho espiritual difícil. Ainda assim, só somos pessoas gratas quando podemos dizer obrigado a tudo o que nos foi trazido ao momento presente. Sempre que dividimos as nossas vidas entre os eventos e pessoas que gostaríamos de recordar e aqueles que preferíamos esquecer, não podemos afirmar a plenitude dos nossos seres como um presente de Deus pelo qual ser grato.[80]

Não se foque apenas nas circunstâncias que normalmente chamaria de maravilhosas. Deus pode usar circunstâncias difíceis de uma forma maravilhosa. Por isso, agradecemos-Lhe também nas circunstâncias difíceis! Manning contou a história de uma idosa grata num hospital de cuidados prolongados:

> Ela tinha algum tipo de doença "crónica", as suas forças iam desaparecendo ao longo do mês. Um trabalhador estudante falou com ela numa visita por coincidência. O estudante continuou a voltar, atraído pela estranha força da alegria da senhora. Apesar de ela já não conseguir mexer os braços e pernas, a senhora idosa dizia: "Estou tão contente por poder mexer o pescoço". Quando ela já não conseguia mexer o pescoço, dizia: "Estou tão contente por ainda poder ouvir e ver". Quando o jovem estudante finalmente perguntou à senhora o que aconteceria se ela perdesse a audição e a visão, a senhora disse: "Serei muito agradecida por me teres vindo visitar". (Apresentado num culto na capela da Universidade Nazarena de Mount Vernon)

Recorde-se de ser grato/a e agradecido/a por todas as coisas, incluindo as pequenas.

Jesus disse: "...Quem é fiel no mínimo, também é fiel no muito; quem é injusto no mínimo, também é injusto no muito..." (Lucas 16:10). Se for grato/a nas pequenas coisas, até de uma forma pequena, irá naturalmente expressar gratidão nas grandes coisas. Recorde os dez leprosos. Por qualquer razão, 9 dos 10 leprosos escolheram não voltar para dar graças.

A disciplina de dar graças em todas as circunstâncias é dolorosa e difícil às vezes, especialmente quando somos profundamente magoados. Mas estou a aprender a dizer "obrigada Deus até nesses tempos pelas lições que me estás a ensinar acerca de mim mesmo, do meu relacionamento Contigo e com os outros." Nouwen fala de um antigo padre que lhe disse: "Toda a minha vida tenho-me queixado que o meu trabalho estava constantemente a ser interrompido até que descobri que as minhas interrupções eram o meu trabalho"[81].

A nossa gratidão deve ser inclusiva - a alegria e a tristeza, as pequenas e grandes bênções de Deus, as interrupções e a rotina. "Em tudo dai graças..." (1 Tessalonicenses 5:18b). Isto não significa que somos gratos pelo pecado e pelas suas causas. O Espírito de Deus poderá avisar-nos para nos afastarmos daqueles que poderiam tentar-nos com um estilo de vida pecaminoso, até ao expressarmos gratidão por aqueles indivíduos como criações de Deus, pelas quais Cristo morreu.

A nossa gratidão deve ser centrada em Deus. 2 Tessalonicenses 5:18c admoesta-nos que é a vontade de Deus para nós em Jesus Cristo.

O carácter de gratidão teocêntrico, ou centrado em Deus, está ancorado na confiança implacável de que há um Deus que é soberano e cujo cuidado providencial guia o Seu povo. Pela misericórdia divina tem-nos sido dado o imerecido presente da salvação. Recebemos este presente por nenhum mérito nosso. Os nossos pecados têm sido perdoados através do sangue de Jesus Cristo.

Quando celebramos a realidade de que recebemos um presente que nunca poderemos pagar, nota-se nas nossas caras e acções. O conteúdo das nossas vidas torna-se uma humilde e alegre acção de graças. Regozijamo-nos no presente. *"Louvai ao Senhor, porque Ele é bom, porque a Sua benignidade dura para sempre"* (Salmos 107:1). *"Graças a Deus, pois, pelo Seu dom inefável"* (2 Coríntios 9:15).

Um membro do corpo docente da MVNU cujo testemunho reflectia esta passagem falou comigo depois de um culto na capela. Ela disse: "Estou a aprender novas formas de ver a vida e o trabalho como um meio de exprimir gratidão a Deus pela Sua graça, misericórdia e fidelidade" (comunicação pessoal, 2001). Tomei nota das suas palavras, pois elas impactaram-me. Novas formas de ver a vida e o trabalho! *Isso* é gratidão!

Deus recorda-nos vez após vez que a qualidade principal de um discípulo confiável e de um líder cristão é a gratidão. A gratidão flui de uma aceitação de tudo na vida como graça - como um presente imerecido e não ganho - um presente da graça - das mãos de Deus. E Deus tem-me recordado que a gratidão está enraizada num foco em Deus e na Sua misericórdia e graça, não na preocupação com as pessoas e nos seus problemas. Refiro isto com convicção porque o oposto da gratidão é, claro, ingratidão; e a antítese de dar graças é a murmuração.

"A ingratidão é um dos pecados mais graves e devia ser detestado". Porquê? Porque é o esquecimento das bênçãos, benefícios recebidos. Recorde que a ingratidão e as atitudes negativas estavam entre os principais problemas dos israelitas e causou que eles ficassem 40 anos no deserto antes de entrarem na Terra Prometida.

Os murmuradores são como uma equipa de vinhateiros que trabalharam desde o amanhecer até ao crepúsculo e se sentem traídos quando os que chegaram depois recebem o mesmo pagamento (Mateus 20:1-16). Os murmuradores resmungam sobre a injustiça da vida, a pobreza dos seus recursos, a insensibilidade do seu cônjuge ou empregador, os liberais, os conservadores, o clima quente, o tempo frio, os ricos, os pobres, o administrador inadequado de uma universidade cristã e o pastor incompetente da igreja local. Os murmuradores resmungam! No entanto, a gratidão não está enraizada no murmurar, resmungar, criticar ou reclamar; mas é encontrada na convicção de que Deus é grande o suficiente para tomar conta de qualquer situação que encontramos!

Tenho visto de uma forma profunda que é a *gratidão* que nos torna *alegres*, não o contrário. Demasiado frequentemente, não somos gratos a Deus porque estamos tristes quando as coisas não acontecem como queremos. Devagar, muito devagar, mas com certeza, estou a ver que a alegria não nos torna gratos. Em vez disso, é a gratidão que nos torna alegres.

Como líder cristã/o e um/a líder servo/a, acha difícil imaginar que a gratidão pode se tornar a atitude básica da sua vida? Isto só será possível quando a nossa gratidão for atenta ("Dai graças"), inclusiva ("Em tudo"), e centrada em Deus ("porque esta é a vontade de Deus em Cristo Jesus").

O desafio para líderes servos que desejam fazer uma diferença profunda e qualitativa e, por isso, alcançam a evidência da liderança serva eficaz nas vidas dos liderados é esta: dar graças a Deus no meio das situações mais difíceis. Este é o fundamento de uma vida espiritual necessária para nos suster durante os meses e anos à nossa frente. Não deixe que as rotinas da vida o ceguem para com as surpresas de Deus!

Dê graças com um coração grato. Que todos digamos: "Serei um cristão consistentemente grato" por causa do que o Senhor tem feito por mim!

1. Como é que a gratidão como líderes servos realça o nosso ministério?
2. Como podemos "dar graças" em tudo?
3. Para com quem temos recentemente mostrado gratidão?

Hospitalidade: Abrir Espaço... a Criação de um Espaço Amigável

Durante uma época de Natal, enquanto eu e a Anne estávamos a servir em Mount Vernon, passámos uma noite maravilhosa em Columbus com um antigo estudante da MVNU e com a sua namorada. Fomos a um restaurante perto para comprar comida chinesa. Comemos a refeição à luz de velas, sentados no chão num círculo. A refeição estava excelente. A conversa de três horas foi fenomenal. Que grande bênção para mim e para a Anne, bem como para o casal! Partilhar a nossa refeição. Partilhar o nosso tempo. Partilhar a nossa jornada. Durante o jantar, eu e a Anne experimentamos o que a Bíblia refere como hospitalidade.

Esta quarta qualidade essencial numa liderança decisiva, hospitalidade, foi uma forma fundamental de vida para a identidade cristã durante mil e setecentos anos da igreja cristã.[82]

Adoptar o rico conceito da hospitalidade bíblica é uma busca vitalícia, à medida que a hospitalidade se torna parte da busca do líder servo de alcançar impacto qualitativo em quem será liderado. A hospitalidade tem o potencial de transformar relacionamentos com quem vivemos e trabalhamos.

Tenho lutado com a compreensão bíblica e histórica da hospitalidade na tradição cristã incluindo a sua dor, limitações e as implicações da liderança. Aqui, desejo simplesmente abordar o conceito fundamental da hospitalidade espiritual.

Bíblica e teologicamente, o termo *hospitalidade* não está limitado a receber um estrangeiro nas nossas casas, apesar de certamente incluir esta dimensão. Fundamentalmente, é uma *atitude* essencial para com as pessoas que lideramos. Esta hospitalidade pode ser expressa por uma variedade de comportamentos. A hospitalidade, biblicamente compreendida, desafia-nos a relacionar-nos com os outros como *se* nos estivéssemos a relacionar com o próprio Cristo. "Hospitalidade" significa primariamente a criação de um espaço livre, ou "criar espaço", para usar as palavras de Pohl, onde estrangeiros podem entrar e tornar-se amigos. É ser para aqueles com quem vive e trabalha, "um testemunho vivo do Cristo ressurrecto."

O dom da hospitalidade cristã é a oportunidade que proporcionamos ao convidado, ao estrangeiro, ou ao amigo que nos encontra no seu caminho, até no contexto das diferenças de pensamento e comportamento.

Com esta perspectiva, a atitude da hospitalidade ajuda-nos a criar espaço para aqueles com quem vivemos e trabalhamos. Proporciona, frequentemente, oportunidades para aqueles indivíduos entrarem num contacto mais profundo com outros e com Deus. O resultado é frequentemente um relacionamento curado e a criação de uma *comunidade* de fé.

A hospitalidade busca oferecer amizade sem amarrar o outro, unidade sem artificialidade, liberdade sem deixar a pessoa sozinha, fé sem bajulação ou humilhação, e respeito pelas diferenças individuais. É uma arte e disciplina que os cristãos precisam de cultivar.

Um pastor falou comigo recentemente sobre um casal com quem teve um mal-entendido. O casal acabou por deixar a igreja. As minhas palavras para o pastor foram: "Dê-lhes espaço". Ele fê-lo e eles responderam à graça que o pastor lhes tinha estendido. Ligou-me alguns dias depois e contou-me da maravilhosa reconciliação entre ele e o casal.

Deixe-me partilhar consigo dois discernimentos sobre este fascinante desafio da "hospitalidade espiritual." A hospitalidade espiritual flui de e para Cristo. À medida que exercitamos a nossa liderança serva, mantemos um canal aberto entre nós (os líderes) e os liderados e entre Cristo e nós mesmos. A hospitalidade vai em duas direcções - *de* Cristo e nós aos liderados, e *para* nós dos liderados e Cristo.

Primeiramente, o dom da "hospitalidade espiritual" é um "presente de amor" a Cristo. A passagem de Colossenses 3:17, 23-24 recorda-nos que o nosso serviço aos outros é o serviço a Cristo Senhor. Este conceito está na própria essência da liderança serva. Nos nossos esforços podemos ser magoados, mal compreendidos e rejeitados; ou podemos ser apreciados, afirmados e aceites. No entanto, a resposta não dita as nossas acções. Amamos porque Deus nos amou primeiro.

Quando eu e a Anne nos mudámos para Manila, nas Filipinas, ficámos esmagados com a infiltração da pobreza no país. Anne partilhou o seu desespero com uma amiga filipina, uma dentista. A amiga da Anne encorajou-a a focar-se em como poderia ajudar, não nas massas de pessoas que ela não podia. A Anne tomou o seu conselho e focou-se em algumas mulheres em necessidade à nossa volta. Ela comprou óculos para uma senhora, uma nova dentadura para outra e para outra patrocinou o curso de esteticista e participou da sua cerimónia de formatura. Anne tornou-se amiga dessas senhoras e convidou-as frequentemente para nossa casa. Ao servir estas poucas mulheres, ela estava a servir a Cristo.

As nossas pequenas tarefas são traduzidas pela graça na grande obra de Deus. Este é o mistério da hospitalidade. O serviço a outros através da hospitalidade, biblicamente compreendido, é serviço a Cristo. Considere as palavras conclusivas de Mateus 25: *"Então lhes responderá, dizendo: Em verdade vos digo que, quando a um destes pequeninos o não fizestes, não o fizestes a mim."*

Os nossos dons de hospitalidade para outros não são "dons espirituais" selectivos dados por Deus apenas para o uso no reino. Em vez disso, os nossos dons de cuidado e preocupação para com os outros são expressões práticas do nosso amor para com Cristo. Certamente que com o nosso compromisso a um estilo de vida de "hospitalidade espiritual" virão questões chave a cada um de nós:

1. O que posso fazer para ser hospitaleiro em liderar os outros? Onde o posso ser?
2. Como irá a minha atitude de hospitalidade impactar a forma como vivo, aprendo e lidero?
3. Como lido com a minha agenda diária ainda por terminar quando tento "criar espaço" para os outros e, ao fazê-lo, não alcanço o que acho que devo terminar?

Essas são questões reais que precisamos de abordar. A hospitalidade espiritual toma tempo, paciência e compreensão.

Considere a velha história Sufi de um "Caçador de Melancias".

Era uma vez um homem que vagueou do seu próprio país para o mundo conhecido como Terra dos Tolos. Desde cedo ele viu um número de pessoas a fugir em terror de uma terra onde tinham estado a tentar colher trigo. "Há um monstro naquele terreno" disseram-lhe. Ele olhou e viu que era uma melancia.

Ele ofereceu-se para lhes matar o "monstro". Depois de cortar a melancia do caule, ele cortou um pedaço e começou a comê-la. Para sua surpresa, as pessoas começaram a ficar mais assustadas com ele do que tinham estado relativamente à melancia. Expulsaram-no dizendo: "Vai-nos matar a seguir, a menos que nos livremos dele."

Ora, aconteceu que noutra altura, outro homem também vagueou e entrou na Terra dos Tolos e o mesmo começou a acontecer com ele. Mas, em vez de lhes oferecer ajuda com o "monstro", concordou com eles de que devia ser perigoso e ao fazê-lo, ganhou a confiança das pessoas. Ele gastou muito tempo com eles nas suas casas até que lhes pudesse ensinar, pouco a pouco, os factos básicos, que os capacitariam não apenas a perder o seu medo de melancias, mas até a cultivá-las[83].

Com que "caçador" se identifica mais? O segundo caçador era o líder servo. Com solidariedade com os liderados, tentando compreender as suas preocupações e ao gastar tempo de qualidade com eles, o segundo "caçador" fez uma profunda diferença nas vidas do povo na história. Ele fez uma mudança qualitativa nas vidas dos liderados. A sua evidência estava na forma como tinham dramaticamente mudado a sua perspectiva relativamente às melancias. **Ele "criou espaço" para essas pessoas que eram diferentes dele.** Lembre-se: servimos Cristo ao "praticar a hospitalidade." Ao fazê-lo, assistimos outros no *seu* crescimento e maturidade em Cristo. Novamente, o dom da hospitalidade espiritual é um dom de amor *para* Cristo.

Segundo, o "dom da hospitalidade espiritual" é um dom de amor de Cristo. O milagre dos milagres é que somos abençoados quando alcançamos outros. Cristo torna os nossos "dons de hospitalidade" em "dons" d'Ele para nós. Encontramos o nosso *Senhor* no meio do nosso serviço a *outros*. Quão frequentemente experimentamos a permanente presença de Deus no meio das nossas expressões comuns de "criar espaço para aqueles com quem vivemos e trabalhamos."

Nouwen definiu acções compassivas ou hospitalidade espiritual como "ser para os outros o que João era para os seus ouvintes e leitores: um *testemunho* vivo do Cristo ressurrecto".[84] Ou seja, algo acontece *connosco* e *em nós*, assim como nos liderados. A graça de Cristo flui para nós e através de nós quando trabalhamos, brincamos e estudamos com a mente de Cristo!

No entanto, a nossa tendência é hesitar porque sentimos que os nossos "dons" são insignificantes. Brennan Manning partilhou esta história prática num culto na capela da MVNU acerca do "Pote Rachado".

> Um aguadeiro na Índia tinha dois grandes potes. Cada um pendia em extremidades opostas de uma barra que carregava no pescoço. Um dos potes tinha uma racha, enquanto o outro era perfeito. O último entregava sempre uma porção completa de água no fim de uma longa caminhada desde o riacho até à casa do mestre. O pote rachado chegava apenas meio cheio. Cada dia durante dois anos completos, o aguadeiro entregou apenas um pote e meio de água.

> O pote perfeito estava orgulho dos seus feitos, porque cumpriu magnificamente o propósito para o qual tinha sido criado. Mas o pobre pote rachado estava envergonhado pela sua imperfeição, miserável por ter cumprido apenas metade do que tinha sido criado para fazer.

> Depois do segundo ano do que sentia como sendo uma falha amarga, o infeliz pote rachado falou com o aguadeiro um dia no rio. "Estou envergonhado de mim mesmo e tenho de te pedir desculpa", disse o pote.

> "Porquê?", perguntou o aguadeiro. "De que estás envergonhado?"

> "Nestes últimos dois anos, tenho sido capaz de entregar apenas metade da minha carga porque esta racha no meu lado faz com que a água caia no caminho de volta para a casa do mestre. Por causa das minhas falhas, tens de fazer todo este trabalho e não obténs o total valor dos seus esforços" disse o pote.

> O aguadeiro sentiu pena do velho pote rachado e, na sua compaixão, disse: "Quando voltarmos para a casa do mestre, quero que

vejas as lindas flores ao longo do caminho." De facto, à medida que subiram a colina, o pote rachado observou as lindas flores selvagens ao lado do caminho, brilhantes no brilho do sol e a visão animou-o um pouco.

Mas no fim do caminho, ainda se sentia mal por ter deixado cair metade da sua carga e por isso pediu desculpas ao aguadeiro por esta falha.

O aguadeiro disse ao pote: "Reparaste que havia flores apenas no teu lado do caminho e não no caminho do outro pote? Isso é porque eu sempre soube da tua falha e tenho sempre tirado vantagem disso. Plantei sementes de flores no teu lado do caminho e, cada dia, enquanto voltamos do riacho tu rega-las. Durante anos tenho podido apanhar estas lindas flores para decorar a mesa do meu mestre. Se não fosses como és, ele não teria tido esta beleza a agraciar a sua casa" (Uma história de um autor desconhecido da Índia).

Será que nos nossos esforços na hospitalidade espiritual, por vezes nos sentimos como o "pote rachado"? Sim! Mas Deus tem uma forma de usar a nossa disponibilidade e os nossos esforços para com os outros de maneiras que nunca imaginaríamos. E no processo, Ele abençoa-nos de maneiras que nunca sonhámos serem possíveis!

Mais uma vez, o dom da hospitalidade - este dom de criar espaço para os outros - apenas pela graça, torna-se um dom de amor *de* Cristo para *nós*. *Nós* crescemos e amadurecemos na nossa fé à medida que cada vez mais "praticamos a hospitalidade." Lembre-se, o milagre dos milagres é que *nós* somos abençoados quando alcançamos os outros no nome de Jesus.

Deixe-me lembrar-lhe que, fundamentalmente, a hospitalidade na perspectiva cristã é muito mais do que ser simpático e alimentar os amigos. É uma *forma de vida* para os crentes e dita como nos aproximamos daqueles com quem vivemos, trabalhamos e servimos. Para os estrangeiros, os menos favorecidos e os solitários, os membros da nossa família e amigos, criar espaço para eles - esta é a essência da hospitalidade, biblicamente compreendida. Ainda assim, *nós* experimentamos as "surpresas de Deus" nas nossas vidas no processo de capacitar os *outros* a crescer e a amadurecer. Ao "providenciar espaço" e ao "criar espaço" para os outros crescerem, é-nos dado espaço por Deus para crescer e amadurecer à semelhança de Cristo.

A hospitalidade, biblicamente compreendida, não é nada menos do que a maravilhosa graça de Deus a trabalhar **em** nós e **através** de nós! Busquemos esta prática quase esquecida na tradição cristã. Junte-se a mim para descobrir as ricas implicações da "hospitalidade espiritual", especialmente na forma como se relaciona com quem trabalha (e com quem irá trabalhar!). Que possamos, cada vez mais, tornar-nos um vaso de barro para outros e no processo, sermos moldados e remoldados pela mão do Oleiro.

Estou eu disposto a ser hospitaleiro para indivíduos que diferem de mim e, por vezes, colidem comigo?

Se a hospitalidade gera comunidade, quem, da "parte pobre da cidade" coloca na sua mente?

Quem não se "encaixa connosco" na sua mente?

Como é que a hospitalidade que recebo de Cristo me torna um líder servo mais eficaz?

Compaixão: Capacitar os Outros a Verem o Que não Têm visto em Si mesmos

A quinta qualidade essencial do líder decisivo, **Compaixão**, é quase sinónima do cuidado no contexto das qualidades do líder servo. A nossa compaixão, ou cuidado, por outros pode ser íntima ou distante.

O que queremos dizer com "cuidado"? A palavra "cuidado" encontra as suas raízes no termo céltico "kara", que significa lamento. O significado básico de cuidado é "lamentar, experimentar tristeza, chorar com".[85] O contexto da palavra "cuidado" impressiona-me porque tendemos a olhar para o cuidado como o forte para com o fraco, ou do poderoso para com o impotente, dos que "têm" para os que "não têm."

Tenho vindo a compreender que a compaixão bíblica não é uma capacidade que adquirimos. Em vez disso, é uma qualidade do coração humano que deve ser revelada. O falecido Henri Nouwen frequentemente dizia que não se pode tirar um doutoramento de cuidado[86]. Nouwen ajudou-me a compreender que quando vemos a outra pessoa e descobrirmos nela a delicadeza, ternura e outros lindos dons que ela não é capaz de ver, o nosso coração compassivo é revelado!

Que pensamento profundo! **O nosso coração compassivo é revelado à medida que capacitamos os outros a verem o que eles não têm visto ou não podem ver neles mesmos!** Novamente, vemos a parte recíproca, de dois sentidos da liderança serva. Como líderes servos cristãos, tornamo-nos condutas do cuidado ou compaixão de Deus. Estamos a falar de relacionamentos de cuidado com pessoas, as pessoas que lideramos como líderes servos. A "evidência" da nossa liderança está em equipar e capacitar os outros a verem o que eles não têm visto neles mesmos. Ser compassivo não é, antes de tudo, algo que fazemos pelos outros, mas é descobrir neles os recursos divinamente dados e as qualidades interiores. É uma forma de estar presente com os outros e de permanecer com eles nos seus tempos de necessidade. Estou lentamente a ver que Deus nos quer *com* outros... não a provar que somos valiosos para eles.

Quando honestamente nos questionamos que pessoas nas nossas vidas têm maior significado para nós, frequentemente descobrimos que são aquelas que, em vez de nos darem muitos conselhos, soluções ou curas, têm escolhido, pelo contrário, partilhar a nossa dor e tocar nas nossas feridas com uma mão gentil e afectuosa. O amigo que pode estar em silêncio connosco num momento de desespero e confusão - que pode ficar connosco numa hora de lamento e luto, que pode tolerar não conhecer, não solucionar, não curar e não fazer - esse é o amigo que se preocupa.

Pode recordar-se de momentos, como eu, nos quais foi chamado a estar com um amigo que tinha perdido um irmão, uma irmã, uma esposa ou esposo, filho ou pai. O que podemos dizer, fazer ou propôr num momento destes? Há uma forte inclinação para dizer coisas como: "Não chore; o seu querido está nas mãos de Deus" ou "Não fique triste porque há tantas boas pessoas e tantas coisas boas pelas quais vale a pena viver." "Cuidar profundamente" nesses momentos exige que *escutemos* intencionalmente, falemos directamente e cuidadosamente e façamos questões pelo bem da *outra* pessoa e não pelo nosso. Estamos verdadeiramente presentes, até na quietude; e oramos honesta, aberta e confiantemente!

O deslocamento voluntário[87] significa que, pelo bem dos outros, dispomo-nos a ir a lugares que preferíamos não ir. Movemo-nos voluntariamente das nossas zonas de conforto e "deslocamo-nos" para fora do que nos é familiar.

Porquê? Existe uma necessidade; é exigida uma resposta de dentro; é sentida uma chamada interior de Deus; vamos, por causa do que somos. O deslocamento voluntário pode levar-nos a uma cidade do interior ou à volta do mundo. Esta chamada pode ser por um breve período ou durante toda a vida.

A vida de Nouwen ilustrou como o cuidado profundo pelos outros frequentemente interrompe as nossas rotinas de vida. Foi realmente difícil para Nouwen deixar as suas posições de ensino nas escolas de divindade em Notre Dame, Harvard e Yale para aceitar um convite para passar os últimos dez anos da sua vida a viver e trabalhar como padre na L'Arche Community com pessoas com deficiências mentais graves em Toronto. A sua responsabilidade específica diária era cuidar de Adam. Nouwen demorava duas horas por dia a preparar Adam para o pequeno-almoço.

Cuide profundamente. Seja profundamente compassivo. O nosso cuidado pelos outros pode ser íntimo ou distante.

1. Como pastor director, ou presidente universitário, como posso exprimir compaixão apropriada na minha liderança serva para membros do sexo oposto?

2. Como posso, crescentemente, tornar a compaixão central para o meu ministério de liderança?

Resistência: Permanecer com a Tarefa que Deus lhe tem dado

Uma oficial do Exército de Salvação que se graduou com o programa de Mestrado de Ministério da MVNU escreveu-me depois de uma classe que ensinei. Entre outros comentários, ela disse: "Não consigo compreender a discussão sobre a admoestação de Paulo a Arquipo em Colossenses 4:17, *'Não abandones o ministério que recebeste no Senhor'*".

Ela continuou: "As ordens mais difíceis que tenho recebido têm sido aquelas para ficar na minha responsabilidade e continuar a obra de Deus ali." A oficial continuou: "Ordens para ficar eram mais difíceis de engolir do que ordens para sair."

A mensagem de Paulo a Arquipo é clara: "*Não abandones a responsabilidade de liderança que recebeste no Senhor.*" A mensagem de Paulo é a sexta e essencial qualidade do líder decisivo e servo. É uma mensagem de **persistência, resistência, tenacidade**, um *apego antiquado à persistência.*

A tenacidade e resistência têm sempre sido atributos vitais para o cristão e líder cristão. Em várias ocasiões, Deus mandou Moisés ser persistente. Deus manteve Moisés focado no seu objectivo. Mais tarde, Isaías sublinhou as recompensas da paciência, resistência e persistência. "*Mas os que esperam no Senhor renovarão as forças, subirão com asas como águias; correrão, e não se cansarão; caminharão, e não se fatigarão*" (Isaías 40:30). Em Hebreus 12:1-2, o escritor pede que sigamos o exemplo da resistência de Cristo: "*...corramos com paciência a carreira que nos está proposta, olhando para Jesus, autor e consumador da fé, o qual, pelo gozo que lhe estava proposto, suportou a cruz...*"

Esta resistência e clareza de propósito também têm sido os destaques da liderança secular. Como primeiro-ministro da Grã-Bretanha durante o período mais difícil do seu país, o Sr. Winston Churchill foi convidado a voltar à sua escola secundária para proferir um discurso importante. Ele teve uma longa e brilhante introdução. Levantou-se, foi ao pódio e este foi o seu discurso:

"Nunca desista. Nunca desista. Nunca, nunca, nunca - em nada, grande ou pequeno, grande ou insignificante - desista, excepto por questões de convicção de honra e bom senso. Nunca ceda à força. Nunca ceda ao poder aparentemente esmagador do inimigo" (The Best of Churchill's Speeches, 2004, página 306).

Churchill capturou nesta abordagem memorável a admoestação do apóstolo Paulo a Arquipo: "Não abandones o teu trabalho até que Deus te liberte dele."

Tenho estado a pensar acerca de resistência. Fico impressionado de como é sempre necessária, frequentemente dolorosa; e é um dom gracioso.

Primeiramente, a **necessidade** da resistência. A tenacidade audaz - inspirada por Deus e tenazmente capacitada - a tenacidade espiritual, se preferir - é necessária como uma qualidade essencial do líder cristão. Não sabemos porque é que Paulo foi compelido a dizer essas palavras a Arquipo. No entanto, as suas palavras ao seu amigo levam-nos a questionar porque somos frequentemente tentados a *desistir* de um projecto, de uma tarefa, responsabilidade ou chamada antes que a libertação genuína venha do Senhor.

Porque é que somos tentados a desistir como trabalhadores cristãos? Certamente, os inimigos da nossa alma querem derrotar o líder cristão. "Porque não temos que lutar contra a carne e o sangue, mas, sim, contra os principados, contra as potestades, contra os príncipes das trevas deste século, contra as hostes espirituais da maldade, nos lugares celestiais" (Efésios 6:12).

Outra razão pela qual desistimos é que os problemas que enfrentamos, às vezes, parecem demasiado difíceis de resolver. Anne e Ray Ortland falam acerca de três períodos de tempo que todos os problemas têm.

A Zona A é chamada "Desejo de Alcançar" e é caracterizada pelo idealismo, talvez ingenuidade e talvez apreensão.

A Zona B é destacada pela necessidade de resistência. A Zona B é chamada de "Desejo de Desistir" e é caracterizada pela confusão e conflito quando surgem problemas. É a zona de perigo: os problemas precisam de ser identificados, separados, soletrados e abordados, um por um. A Zona B acaba de uma de duas maneiras: desistimos e abortamos o projecto ou *preservamos* com tenacidade "de *bulldog*", resistindo à tentação de desistir.

Podemos escolher crer que, até numa situação aparentemente impossível, o Deus que tem prometido nunca nos deixar ou abandonar está presente. **Podemos** escolher crer que, pela graça de Deus, há um caminho através, sobre, sob ou em torno da situação confusa.

O que nos traz à Zona C. Esta zona é chamada "Realização e Crescimento." Os líderes cristãos e os liderados caracterizam esta zona pela fé e satisfação pessoal e um sentido de realismo, maturidade e expectativa[88].

Também desistimos por causa de equívocos relativamente à vida, trabalho e ministério cristãos. Esses equívocos podem encorajar-nos a desistir antes do trabalho estar completamente terminado.

> *"O progresso só está realmente a acontecer quando as coisas estão a correr bem."*
> *"A relva é mais verde do outro lado da cerca."*
> *"Maior é melhor."*
> *"O sofrimento e as dificuldades não são de Deus."*
> *"Este problema não pode ser resolvido."*
> *"O sucesso é ganhar a aprovação de todos."*
> *"O fracasso é final."*
> *"Não sou nada."*
> *"Pessoas boas e devotas a Deus não diferem nem cometem erros."*

Segundo, há a **dor** da resistência. A tendência é de "abandonar" quando a pressão aparece, quando não conseguimos as coisas como desejamos ou o reconhecimento que recebemos não é o que desejamos. É doloroso ficar na situação no meio do conflito, desconforto, incompreensão, lutas pelo poder, situações conflituosas e expectativas inadequadas até que Deus nos liberte dessas atribuições.

"Resistir" a dificuldades ao longo de tempos e situações extraordinários requer uma fé resoluta no Deus que nos colocou nessas responsabilidades. Nessas "dolorosas" experiências, precisamos de crer com a *convicção* que permanecemos onde Deus nos tem colocado até que Ele nos liberte, porque *O* servimos nesses tempos dolorosos, não as pessoas que por vezes causam a dor.

Podemos aprender muito acerca da dor da tenacidade com Ernest Shackleton e a sua expedição à Antártica em 1914. Mesmo não sendo conhecido como líder cristão, ensinou-nos muito através do exemplo acerca da necessidade da *resistência* nas várias funções da liderança[89].

Em Agosto de 1914, Ernest Shackleton, um intrépido explorador britânico, embarcou no navio Endurance. Ele e a sua equipa de 27 homens zarparam para o sul do Atlântico. O grupo queria ser o primeiro a cruzar o continente da Antártica.

No início do ano seguinte, o seu navio ficou preso no gelo. Em Outubro de 1915, ainda a meio continente de distância da sua base pretendida, o navio bateu no gelo e afundou no mar. Nos meses que se seguiram a comida e a água da tripulação desapareceram. Shackleton e os seus homens, à deriva em blocos de gelo, naufragaram numa das regiões mais selvagens do mundo. Sob a liderança de Shackleton, caminharam por gelo congelado e árido.

Mais de um ano depois do naufrágio, Shackleton e os seus homens estavam encalhados numa ilha na ponta da Antártica. A comida deles estava a diminuir e havia pouca esperança num resgate. A sobrevivência, percebeu Shackleton, dependia de um acto corajoso. Deixando a maioria da tripulação para trás e com apenas alguns dos seus homens, ele tinha que chegar a um posto avançado de caça à baleia atravessando 800 milhas de mares tempestuosos num barco aberto. Ao desembarcar na ilha St. George, a sua única rota para garantir o seu próprio resgate e o dos seus companheiros do navio ainda estava do outro lado de uma cadeia sinistra de glaciares e montanhas que nunca antes tinham sido atravessadas. Ele decidiu arriscar. Ele tinha de aguentar. Ele e outros dois alcançaram com sucesso a colónia. Surpreendentemente, ele salvou toda a sua tripulação. Todos sobreviveram. Todos![90]

As jornadas de Paulo, como esboçadas na última carta de Actos, estão cheias de experiências semelhantes! Oiça novamente Actos 27:25: *"Portanto, ó senhores, tende bom ânimo; porque creio em Deus, que há de acontecer assim como a mim me foi dito."*

Depois de estar na prisão por dois anos, Paulo e outros estavam no seu caminho para Roma. A admoestação de Paulo para os homens a bordo do navio foi feita no meio de um tufão, um naufrágio, e sem comida durante 14 dias. Mas, Deus tinha antes dito a Paulo em Jerusalém: "...importa que testifiques também em Roma" (Actos 23:11). No meio da dor de chegar até Roma, a experiência da prisão, o tufão, o naufrágio e a falta de comida, Paulo disse enfaticamente: *"...tende bom ânimo; porque creio em Deus, que há de acontecer assim como a mim me foi dito."*

Dez estratégias para resistir. Os exemplos de Paulo e de Earnest Shackleton mostram que a liderança ao longo de tempos e situações extraordinárias requer estratégias para a resistência.

1. **Visão e Vitórias Rápidas:** Nunca perca de vista o objectivo final e foque a energia em objectivos de curto prazo.
2. **Simbolismo e Exemplo Pessoal:** Defina um exemplo pessoal com símbolos e comportamentos visíveis e memoráveis.
3. **Optimismo e Realidade:** Incuta optimismo e auto-confiança, mas mantenha os pés assentes na realidade.
4. **Energia:** Tome conta de si mesmo: Mantenha a sua energia e liberte a culpa.
5. **A Mensagem da Equipa:** Reforce constantemente a mensagem da equipa: "Somos um - vivemos ou morremos juntos."
6. **Valores Essenciais da Equipa:** Minimize as diferenças de *status* e insista na cortesia e no respeito mútuo.
7. **Conflito:** Controle o conflito - lide com a zanga em pequenas doses, envolva dissidentes e evite disputas desnecessárias de poder.
8. **Celebre!** Encontre algo para celebrar e algo sobre o que se rir.
9. **Arrisque:** Esteja disponível para tomar o Grande Risco.
10. **Criatividade Tenaz:** Nunca desista - há sempre outra alternativa.[91]

Este dom de *"apego à persistência"* - resistência ou perseverança - não é um dom que damos a outras pessoas. De forma alguma. Em vez disso, o dom da tenacidade é um dom da graça de Deus para *connosco*... para crescimento espiritual, maturidade cristã e desenvolvimento pessoal que *nós* experimentamos enquanto permanecemos numa dada situação até que Deus nos liberte!

Em muitas ocasiões, referi: "Liderar a MVNU é a maior jornada de fé que eu experimentei". Ao exercitar a tenacidade - no poder de ficar - fui o maior benfeitor. Ao escolher crer que Deus estava no meio de um processo, problema ou confronto, cresci espiritualmente. Amadureci significativamente em Cristo. Porquê? Porque tinha de *liderar* de joelhos, na dependência d'Aquele que me tinha chamado para esta tarefa, crendo que Ele completaria no meu trabalho e em mim, exactamente o que Ele tinha designado!

Resistência, com contentamento, é um dom profundo de Deus para nós!

O próprio dom de Deus de resistência permite-nos responder à Sua chamada. A resistência capacita-nos a "manter o curso" até que Ele nos liberte de uma tarefa! Fiz, a um presidente da universidade que se tinha reformado do seu ministério anos antes de me reformar da MVNU, esta questão: "Como sabe quando é tempo de se reformar?" A sua resposta foi: "Tu o saberás." E ele estava certo! Quem mais beneficia da qualidade de resistência num líder? Apenas Deus sabe. Mas, certamente, nós que "resistimos" pela graça de Deus, somos abençoados. A tenacidade é um presente da graça de Deus para *nós*! Recorde as palavras de Paulo para Arquipo: "*Não abandones a tarefa que recebeste no Senhor!*"

O Indicador Seis foca-se no líder como pessoa e examina o cristão que busca liderar com a mente de Cristo.

As qualidades e valores ajudam a rastrear a nossa integridade, assegurando que as nossas palavras e acções são consistentes. Elas são indicadores, a *evidência*, que modelam, para uma instituição, o crescimento qualitativo corporativo e pessoal que buscamos nutrir na organização e nos seus membros ou funcionários.

Afirmamos essas qualidades na forma como vivemos e trabalhamos com os outros. Ao fazê-lo, os indivíduos com quem trabalhamos numa comunidade académica, organização ministerial ou congregação local irão crescer na sua fé e serão fortalecidos na sua jornada espiritual.

A evidência de liderar, cremos, está no crescimento qualitativo dos liderados. Assim, desejamos que num campus, escritório ou numa junta de igreja, aqueles que lideramos amadureçam na sua fé e na sua caminhada com Cristo no meio da nossa vida juntos na organização.

Este processo de embeber estas qualidades e valores essenciais na operação do ministério alimenta o relacionamento entre os líderes decisivos com uma visão de servir e os liderados. Este processo gera diálogo e comunicação relativamente à forma como o relacionamento cristão ocorre entre o líder e aqueles pelos quais o líder é responsável.

EPÍLOGO

Podemos servir como líderes decisivos com integridade e graça à medida que o nosso testemunho de santidade de coração e de vida continuamente transforma a forma como vivemos e lideramos uma comunidade de fé.

O povo que servimos deve testemunhar em nós um espírito transformado e transformativo, reflectido nas ocasiões de desacordos e nas formas como planeamos e processamos assuntos importantes. A forma como pregamos ao Domingo, vivemos em casa, trabalhamos na comunidade e lideramos uma reunião da junta terça-feira à noite deve dar evidência de uma crescente "conformidade para com a mente de Cristo" (2 Coríntios 3:18). Aqueles que lideramos não devem ver separação entre o sagrado e o secular nas nossas vidas. Não devem ver nenhuma grande separação entre a mensagem que pregamos e a forma como lideramos. Nenhuma inconsistência. Nenhuma manipulação. Nenhuma falta de respeito. Nenhum abuso. Nenhuma significante brecha entre as nossas palavras e as nossas acções.

Começamos agora a ver mais claramente os meios pelos quais guardamos "... a unidade do Espírito pelo vínculo da paz" (Efésios 4:3). Estamos a aprender, pouco a pouco, o que significa "imitar a Deus... e viver uma vida de amor" (Efésios 5:1-2), até quando lideramos decisivamente nas nossas casas, congregações, lugares de trabalho e comunidade.

Esta busca vitalícia de responder às perguntas chave que líderes decisivos devem responder é uma jornada de fé madura e de encontros dolorosos. Leva toda uma vida para compreender e adoptar completamente. No entanto, a forma pela qual vivemos e lideramos, reflecte crescentemente o nosso ADN espiritual transformado e é profundamente evidenciado em nós por aqueles que melhor nos conhecem.

Ao caminhar e liderar no espírito de transformarmo-nos continuamente à semelhança de Cristo, podemos crer que o Mestre professor e líder, Jesus o Cristo, irá dizer-nos no fim dos nossos dias: "Bem feito, bom e fiel servo". Bem feito.

Quando chegarmos ao fim da nossa jornada, poderá ser dito de nós que liderámos decisivamente ao providenciar algo "maior do que..." (João 14:12) porque éramos discípulos de oração, intencionais e comprometidos de Jesus! Liderámos com uma visão clara, humildade profunda e resolução intensa. Ligámos a fé que professamos e proclamamos à forma como vivemos e lideramos. Que legado a deixar para trás. Que legado!

BIBLIOGRAFIA

"50 Awesome Quotes on Vision." *The heart of innovation.*
*http//www.ideachampions.com/weblogs/archive s/2015/06/50_awesome_quot_1.
shtml*

Augsburger, D. W. (1974). *Caring enough to confront.* Ventura, CA: Regal Books.

Bennis, W., & Biederman, P. (1997). *Organizing genius: The secrets of creative collaboration.* NY: Basic Books.

Ballie, J. (1948). *The diary of private prayer.* New York: Scribner's Sons
Publishing.

Bible. K. (Ed.). (1993). *Sing to the Lord.* Kansas City, MO: Lillenas Publishing Co.

Bible. K. (Ed.). (1993). *In His Time. Sing to the Lord* (Kansas City, MO: Lillenas
Publishing Company.

Blevins, D. (2015). *A promised privilege* (Special Edition) Holiness Today.

Blevins, D., & Maddix, M. (2010). *Discovering discipleship.* Kansas City, MO:
Beacon Hill Press of Kansas City.

Bonhoeffer, D. (1954). *Life together: The classic exploration of faith in community.*
New York: Harper and Row.

Bowling, J. (2000). *Grace-full leadership.* Kansas City, MO: Nazarene Publishing
House.

Bridges, W. (1991). *Managing transitions: Making the most of change.* NY: Perseus
Publishing.

Brown, B. (2012). *Daring greatly.* New York: Gotham Books.

Brown, B. (2015). *Rising strong. New York:* Spiegel and Grau.

Carroll, J. W. (2000). *Mainline to the future.* Louisville, KY: Westminister John
Knox Press.

Carver, J. (1997). *Boards that make a difference* (2nd ed). San Francisco, CA:
Jossey-Bass.

Chait, R. (2005). *Governance as leadership: Reframing the work of nonprofit boards.* Hoboken, NJ: John Wiley and Sons.

Churchill, W. (2004). *Never give in: The best of Winston Churchill's Speeches.* NY Hatchette Books.

Citrin, J., & Daum, J. (2011). *You need a leader—Now what? How to choose the best person for your organization.* NY: Crown Publishing Group.

Collins, J. (2001). *Good to great.* NY: HarperCollins. Collins, J. (2009). *How the mighty fall.* NY: HarperCollins.

Dale, R. D. (1981). *To dream again: How to help your church come alive.* Nashville: Broadman Press.

David, F.R. (2011). *Strategic management: concepts and cases. 13th edition.* Upper Saddle River, NJ: Prentice Hall.

Day, K. (2001). *Difficult conversations: Taking risks, acting with integrity.* Washington: Alban Institute

De Pree, M. (n.d.). www.BrainyQuote.com/maxdepree.

Deurne, J. (1997). *Henri Nouwen: A restless seeking for God.* NY: Crossroads Publishing Co.

D. L. Moody quotes. (2015). Goodreads Inc. http://www.goodreads.com/author/quotes/5083 573.D_L_Moody November 3, 2015.

Fairbanks, E. L., Couchenour, J. R., & Gunter, D. M. (2012). *Best practices for effective boards.* Kansas City, MO: Beacon Hill Press of Kansas City.

Fairbanks, L. (1990). *Education for a lifestyle of service.* Inaugural Address. Mount Vernon Nazarene College. Mount Vernon, OH. www.boardserve.org/writings

Fairbanks, L., & Toler, S. (2008). *Learning to be last.* Kansas City, MO: Beacon Hill Press of Kansas City.

Friedman, E. (2007). *Leadership in the age of the quick fix: A failure of nerve.* NY: Church Publishing.

Greenleaf, R. (1977). *Servant leadership: A journey into the nature of legitimate power and greatness.* NY: Paulist Press.

Kinsler, F. R. (Ed.). (1983). *Ministry by the people.* NY: Maryknoll: Orbis Books.

Koestenbaum, P. (2002). *Leadership: The inner side of greatness - A philosophy for leaders.* San Francisco: Jossey-Bass.

Kopp, S. (1972). *If you meet the Buddha on the road, kill him* Palo Alto: Science and Behavior Books, Inc.

Kouzes, J., & Posner, B. (1995). *The leadership challenge. How to keep getting extraordinary things done in organizations (The leadership practices inventory).* San Francisco: Jossey-Bass.

Kouzes, J., & Posner, B. (2002). *The leadership challenge* (3rd ed.). San Francisco: John Wiley and Sons.

Kouzes, J., & Posner, B. (2003). *Encouraging the heart.* San Francisco: Jossey Bass.

Lash. J. (1980). *Helen and teacher: The story of Helen Keller and Anne Sullivan May.* NY: Delocorte Press.

Manning, B. (2000). *Ruthless trust.* NY: Harper One. Maxwell, J. (1993*). Developing the leader within you.* Nashville: Thomas Nelson Press.

Maxwell, L., & Dornan, J. (1997). *Becoming a person of influence.* Nashville: Thomas Nelson.

Moen, D. (1997). *Because we believe.* on Let your glory fall [Album]. www.lyrics. wekia.com

Moore, F. (Ed.). (2015). *Nazarene essentials: Who we are-What we believe. [Special edition].* Holiness Today.

Mulholland, Jr., M. R. (1993). *Invitation to a journey: A road for spiritual formation.* Downers Grove: InterVarsity Press.

National Development Institute and Clemson University. (2015 revised). *Leadership and nonprofit capacity building.* www.nationaldevelopmentinstitute.com

Nelson, A. (1994). *Broken in the right place: How God tames the soul.* Nashville: Thomas Nelson.

Nouwen, H. (1974). *Out of solitude.* Notre Dame: Ave Maria Press.

Nouwen, H. (1975). *Reaching out: Three movements of the spiritual life.* Garden City: Doubleday and Company.

Nouwen, H. (1979). *Clowning in Rome: Reflections on solitude, celibacy, prayer and contemplation.* New York: Doubleday: Image Books.

Nouwen. H. (1985a). *Bread for the journey.* CA: HarperCollins.

Nouwen, H. (1985b*). Course notes on the Gospel of John at Harvard Divinity School and at Boston College.* Encontrado nos arquivos de Nouwen na Yale Divinity School Special Collection.

Nouwen, H. (1989). *In the name of Jesus.* NY: Crossroads Publishing Company.

Nouwen, H. (1991). *The way of the heart: Desert spirituality and contemporary ministry.* CA: HarperCollins Paperback.

Nouwen, H.. (2009, January 12). *The spiritual work of gratitude.* [Web log post]. Retirado de http://nouwenlegacy.blogspot.com/2009/01/spiri tual-work-of-gratitude.html

Nouwen, H., McNeil, D., & Morrison D. (1983). *Compassion: A reflection on the Christian life.* New York: Image Books.

Ortland, R., & Ortland, A. (1992). *Mastering ministry.* Carol Stream: Multnomah Press.

Parrott, R. L. (Ed.). (2002). *Leadership character.* OH: Ashland Theological Seminary Press.

Perkins, D., Holtman, M., & Kessler, P. (2000). *Leading at the edge: Leadership lessons from the extraordinary expedition of Shackleton's Antarctic expedition.* NY: Amacom: American Management Association.

Pohl. C. (1999). *Making room: Recovering hospitality in Christian tradition.* Grand Rapids, MI: Eerdmans Publishing.

Powell, J. J. (1999). *Why I am afraid to tell you who I am: Insights into personal growth.* Grand Rapids: Zondervan.

Quinn, R. (1996). *Deep change.* San Francisco: Jossey-Bass.

Reed, H. (1982). *The dynamics of leadership.* Danville: The Interstate Printers and Publishers.

Robert F. Kennedy *speeches remarks at the University of Kansas, March 18, 1968. (n.d.) John F. Kennedy Presidential Library and Museum.* Retirado a 13 de Novembro de 2015, de _____http://www.jfklibrary.org/Research/Research- Aids/Ready-Reference/RFK-Speeches/Remarks-of-Robert-F-Kennedy-at-the-University-of-Kansas-March- 18-1968.aspx

Sample, S. (2002). *The contrarian's guide to leadership.* CA: Jossey-Bass.

Satir, V. (1972). *Peoplemaking.* Palo Alto, CA: Science and Behavior Books.

Satir, V. (1976). *Making contact.* Milbrae: Celestial Arts.

Scott, S. (2004). *Fierce conversations.* NY: Berkley Publishing Group.

Shah, I. (1970). *The way of the Sufi.* NY: E.P. Dutton & Co., Inc., quoted by Sheldon B. Kopp, S., 1972). *If You Meet the Buddha on the Road, Kill Him!* Palo Alto, CA: Science and Behavior Books, Inc.

Solfield L. and Kuhn, D. (1995) *The collaborative leader. MI: Ava Maria Press.*

Stone, D., & Heen, S. (2014). *Thanks for the feedback.* NY: Penguin Books. Science and Behavior Books, Inc.

Trueblood, E. (1952). *Your other vocation.* NY: Harper and Row.

Wahloos, S. (1974). *Family communication.* NY: McMillian Publishing.

Weems, L. (2002). *Leadership character.* Edited by Richard Leslie Parrott. Ashland: Ashland Seminary Press.

Winer, M. (1994). *Collaboration handbook: Creating, sustaining, and enjoying the journey.* St. Paul: Amhurst H. Wilder Foundation.

NOTAS FINAIS

1   Bonhoeffer, 90-109.

2   Greenleaf, 10.

3   Reed, 23.

4   Nouwen (1979), 83-84.

5   Trueblood, 67.

6   Trueblood, 35.

7   Trueblood, 46.

8   Kinsler, 1.

9   Reed, 7.

10 Max De Pree (*s.d.)*

11 Koestenbaum, 177.

12 Satir (1976) acreditava que a "comunicação é para os relacionamentos o que o respirar é para manter a vida", 20).

13 Satir (1976), 3.

14 Powell, 50-62

15 Satir (1976), 11

16 David Augsburger (1983), 53.

17 Augusburger, 6

18 Satir, 58.

19 Satir, 78-79.

20 Satir, 78-79.

21 Augsburger, 11.

22 Satir, 72.

23 Nouwen (1991), 52.

24 Wahlroos, 25.

25 Wahlroos, 28-29.

26 Nouwen (1989), 22.

27 Nouwen (1989), 44.

28 Nouwen (1989), 48.

29 Nouwen (1989), 50.

30 Nouwen (1989), 60.

31 Nouwen (1989), 68.

32 Nouwen (1989), 68.

33 Brene Brown, (*s.p.*).

34 Satir, 1.

35 Greenleave, 96.

36 Greenleave, 96.

37 Greenleave, 96.

38 Maxwell e Dorman (1997), 40.

39 Dean Blevins (2010) foi co-autor do livro, *Discovering Discipleship*, [*nb: À Descoberta do Discipulado*], 8

40 Blevins, 8-9.

41 David, 134.

42 Bridges, 70.

43 Ver *www.BoardServe.org/Writings*. Desça para os discursos inaugurais.

44 Kinsler, 1.

45 Stone e Heen, 91.

46 Stone e Heen, 45 .

47 Stone e Heen, 45.

48 Mazwell, 20-21

49 O livro está disponível na Amazon para download.

50 Numa série de vídeos do Youtube sobre "Building Better Boards" [Construir Melhores Juntas] (*www.youtube.com*, procurar por LeBron Fairbanks).

51 Quinn, 96.

52 Collins, 20.

53 Stone e Heen, 95.

54 Stone e Heen, 201.

55 Pode também aceder a esta auditoria legal e de programas em *www.usacanadaregion.org/apex-organizational-assessment*.

56 Se tiver interesse no projecto APEX vá ao website *www.usacanadaregion.org/apex-organizational-assessment*. Clique nas palavras "Avaliação APEX" na coluna do menu, depois no "APEX Quick Reference Guide" ou no "Blank APEX Assessment Form".

57 Veja estes websites:
www.MajorGiftsRampUp.com
www.nationaldevelopmentinstitute.com
www.NonprofitConferencea.org
www.ConsultingCertification.org
www.JimmyLaRose.com

58 Nouwen (1985), devocional de 11 de Março.

59 Sofield e Kuhn, 38.

60 Bennis e Biederman, 1.

61 Roosevelt como citado em Brown, 1.

62 Nouwen (1991) citou Arsénio, 43.

63 Nouwen (1985), devocional de 11 de Março.

64 Friedman, 110.

65 Greenleaf, 13-14.

66 Parrott juntou os trabalhos apresentados durante os três dias e publicou-os sob o título, *Leadership Character* (2002).

67 Parrott, 19.

68 Parrott, 20.

69 Weems, 21.

70 Weems, 21.

71 Weems, 20-21.

72 Weems, 22.

73 Weems, 23.

74 Kouzes e Posner, 305.

75 Weems, 23.

76 Carroll, 8.

77 Nelson, 7.

78 Nelson, 7.

79 Nelson, 7.

80 Nouwen, *legacy.blogspot.com/2009/01/Spiritual WorkofGratitude.html*.

81 Nouwein (1974), 56.

82 Pohl (1999) documentou convincentemente esta prática no seu livro *Making Room: Recovering Hospitality in Christian Tradition*.

83 Shah, como citado em Kopp, 8.

84 Nouwen, 1985b.

85 Nouwen, McNeil, e Morrison, 92.

86 Nouwen, 90.

87 Nouwen, McNeil e Morrison (1983) apresentaram-me o conceito fenomenal do deslocamento voluntário (páginas 62-74) no seu livro intitulado *Compassion: A Reflection on the Christian Life.*

88 Anne e Ray Ortland, 92.

89 Perkins, Holtman e Kessler.

90 Perkins, Holtman, e Kessler.

91 As dez estratégias seguintes são retiradas do livro *Leading at the Edge: Leading Lessons from the Extraordinary Saga of Shackleton's Antarctic Expedition.* Perkins, Holtman, & Kessler, 2000,vii-viii

· · · · · · · · · · · · · · ·

ANEXO A

VALORES ESSENCIAIS DE UMA UNIVERSIDADE CRISTÃ... E DE LÍDERES DECISIVOS E FIÉIS

No início do meu mandato no Colégio Nazareno de Mount Vernon (agora universidade), à medida que as inscrições aumentaram, cheguei a acreditar que "devíamos" a futuros alunos e aos seus pais um documento que descrevia os valores centrais da instituição. Os estudantes prospectivos eram atraídos à instituição por causa da sua reputação académica, mas com pouco conhecimento da mesma, das suas raízes, valores, tradições teológicas ou relacionamento denominacional. Fiz um rascunho do documento inicial: "Nisto nos mantemos: Valores Subjacentes à Comunidade de fé da Universidade Nazarena de Mount Vernon". O rascunho foi partilhado com o corpo docente e com os funcionários, e depois foi revisto.

Na Primavera seguinte, o documento revisto foi enviado a todos os estudantes que se candidataram para admissão. O documento tem sido revisto numerosas vezes. A última revisão pode ser encontrada em www. mvnu.edu. Clicar em "Information About". Clicar em "History."

Foi muito óbvio para mim que o documento reflectia não apenas a instituição, mas também o seu presidente, que estava a tentar exercer uma liderança decisiva e fiel. Todos os líderes, incluindo pais, pastores, directores de organização ministerial e presidentes de universidade precisam de desenvolver a sua própria declaração de valores, afirmando claramente os valores nos quais se mantêm e que os caracterizam no seu melhor e os condenam no seu pior.

NISTO NOS MANTEMOS...Valores Subjacentes à Comunidade de fé da Universidade Nazarena de Mount Vernon

Afirmação #1: AMAMOS DEUS. Portanto, valorizamos e defendemos...

1. *Uma comunidade adoradora.*
2. *Uma fé bíblica.*
3. *Um estilo de vida semelhante a Cristo.*
4. *Uma ética de santidade.*
5. *Uma missão global.*
6. *Uma visão da criação.*
7. *Uma devoção capacitada pelo Espírito.*

Afirmação #2: RESPEITAMOS OS OUTROS. Portanto, valorizamos e defendemos...

1. *Um espírito magnânimo.*
2. *Uma mentalidade de serviço.*
3. *Um carácter digno de confiança.*
4. *Uma influência positiva.*
5. *Uma resposta cortez.*
6. *Uma motivação em dar.*
7. *Uma atitude apreciadora.*

Afirmação #3: SOMOS RESPONSÁVEIS POR NÓS MESMOS. Portanto, valorizamos e defendemos...

1. *Uma mente curiosa.*
2. *Um horário disciplinado.*
3. *Um traje modesto.*
4. *Uma dieta equilibrada.*
5. *Um compromisso de aptidão física.*
6. *Uma palavra confiável.*
7. *Uma perspectiva de aprendizagem e crescimento ao longo da vida.*

Vivemos sempre pelos valores que afirmamos? Infelizmente nem sempre. Para o cristão cada vez mais cheio do Espírito, esses valores - fluindo do mandamento bíblico para viver uma vida santa - marcam, caracterizam e desafiam-nos.

Edward LeBron Fairbanks, Presidente Emeritus
Universidade Nazarena de Mount Vernon (reformado, 2007)

ANEXO B

CARACTERÍSTICAS DE JUNTAS GOVERNATIVAS FORTES E EFECTIVAS

1. Os membros da junta compreendem o papel, propósito e função da junta. Focam-se na formulação do governo e na estratégia de missão; não nas operações e implementação.

2. Os membros da junta conhecem, comunicam e tomam decisões à luz da missão, visão e valores da organização. A missão, visão e valores dirigem-nos.

3. Os membros da junta fazem as perguntas certas. Pense em questões.

4. Os membros da junta compreendem e adoptam um manual de governo de junta que contém os procedimentos aprovados pela junta para governo efectivo e eficiente da organização. Escreva-as.

5. Os membros da junta comunicam uns com os outros e abordam situações de conflito como cristãos. Tenha cuidado com as suas palavras.

6. Os membros da junta relacionam-se com os seus líderes e constituem uma só voz. O carácter conta, realmente conta! (Mantêm confidenciais as conversas confidenciais!)

7. Os membros da junta envolvem-se intencionalmente na prestação mútua de contas, incluindo o desenvolvimento e avaliação sistemáticos da junta. A integridade da junta conta!

8. Os membros da junta tomam tempo para tomar decisões, sem surpresas intencionais. Tome tempo.

9. Os membros da junta adoptam a mudança e resolvem trabalhar respectiva, paciente e bondosamente ao longo de transições. Sim à mudança missional!

10. Os membros da junta participam em avaliar a eficácia das antigas decisões. Reveja, revise, redirija, renove.

11. Os membros da junta são exemplos marcantes de supervisão financeira e de ofertas regulares à igreja, colégio ou organização que servem. São modelos de supervisão, generosidade e mordomia.

12. Os membros da junta desenvolvem novos líderes para crescentes responsabilidades e compromissos na igreja, colégio ou organização. Passe o testemunho!

Como modificaria esta lista com adições ou remoções para tornar estas "características" um esboço de mentoria para o guiar à medida que trabalha com a sua junta? Liste abaixo as três "características" principais ou "melhores práticas" que deseja que a junta com a qual trabalha se foque durante os próximos seis a dezoito meses.

Para obter material adicional, ler *Best Practices for Effective Boards*, por Fairbanks, Couchenour e Gunter, Nazarene Publishing House, 2012. Disponível na Amazon. Está disponível um DVD, "Building Better Boards", em inglês e em espanhol no YouTube para usar com as juntas em sessões de desenvolvimento da junta. Procure por "Fairbanks-Building Better Boards".

ANEXO C

MODELO DE PLANEAMENTO MISSIONAL

A. A missão define a essência da organização. O seu propósito para a existência. A sua razão de ser.

A missão da organização ministerial é: _____

_____

_____

B. A visão define "o futuro preferido" para a organização sem fins lucrativos. É uma palavra que leva a visualizar algo. Uma orientação futura. Uma imagem mental do futuro.

A visão da organização ministerial é: _____

_____

_____

C. Os valores definem como pretendemos operar à medida que seguimos a nossa visão. Clarificam os parâmetros dentro dos quais funcionamos como uma organização.

Os valores da organização ministerial são: _____

_____

_____

D. O contexto no qual a organização funciona é baseado na análise de forças e fraquezas internas da organização e oportunidades e ameaças externas (Análise SWOT).

1. Na organização ministerial, quais são as:
   a. Forças
   b. Fraquezas
   c. Oportunidades
   d. Ameaças
2. Baseado na análise acima, as Prioridades da organização às quais precisamos de dar a nossa atenção prioritária são:
3. À luz dessas Prioridades, as Iniciativas Estratégicas para os próximos três anos são:
4. O Plano de Acção para cada Iniciativa inclui:

a. Objectivos específicos, alcançáveis e mensuráveis: _____
_____

b. Cronograma: _____
_____

c. Pessoal necessário e designado: _____
_____

d. Orçamento requerido: _____
_____

e. Resultados desejados para cada uma das iniciativas acima:
_____
_____
_____

ANEXO D

DIAGNÓSTICO DA JUNTA DA IGREJA LOCAL

Por favor, classifique cada declaração como (1) concordo fortemente; (2) concordo; (3) discordo; (4) discordo fortemente:

1. Os seguintes documentos legais da igreja estão actualizados e preenchidos num lugar apropriado onde os membros da junta ou agências governativas podem, rapidamente, localizá-los e revê--los, se necessário:

   - Constituição ou artigos de incorporação,
   - Estatutos,
   - Folha de salários,
   - Apólices de seguro (i.e. oficiais, propriedade, danos pessoais, etc.),
   - Outros documentos regionais específicos ou aplicáveis requisitos pelo governo.

2. A missão, visão e valores da igreja são claros, compreensivos, partilhados e articulados com a congregação.

3. O processo de planeamento estratégico é compreendido e adoptado pela congregação.

4. Os membros da igreja compreendem os seus papéis, funções e expectativas.

5. As reuniões da junta são feitas regularmente, têm grande participação e têm agendas detalhadas. As actas da junta são bem documentadas.

6. A junta avalia anualmente o seu desempenho e funções.

7. Há tempo designado mensalmente, trimestralmente ou anualmente para sessões de desenvolvimento da junta.

8. A igreja tem uma conta bancária, dinheiro depositado e contas pagas regularmente, com relatórios financeiros claros apresentados em cada reunião da junta.

9. O livro de tesouraria e o sistema financeiro são revistos regularmente, com controlos internos básicos. O fluxo de caixa é activamente gerido.

10. Há um orçamento compreensivo anual, adoptado pela junta e usado consistentemente para guiar as decisões financeiras.

11. Os impostos são pagos, a papelada é preenchida a tempo com a agência governamental apropriada, e existe uma auditoria anual.

12. Há um manual do governo da organização para guiar a junta em relação aos funcionários e equipa de voluntários que reflecte a missão, visão e valores da igreja.

13. Há uma revisão da eficácia do líder (ou avaliação de desempenho da liderança) para o pastor e para a equipa que é usada pelo menos bienalmente.

14. Há um processo ou programa de desenvolvimento profissional para o pastor e para a equipa e este processo ou programa é revisto anualmente.

15. Há uma avaliação das necessidades e um processo de desenvolvimento do programa com resultados mensuráveis e este plano é revisto anualmente.

16. É dado à congregação um relatório anual, que comunica o impacto da missão, visão e valores da congregação e as prioridades do programa na comunidade são servidas pela igreja local.

Capacidade Organizacional

Identifique as três prioridades principais que mais claramente reflectem as prioridades necessárias para a junta na qual serve ou que lidera. Porquê essas três? Que passos imediatos podem ser tomados para abordar essas três prioridades?

PRIORIDADE #1:

PRIORIDADE #2:

PRIORIDADE #3:

Desenvolvido por BoardServe.org www.BoardServe.org lfairbanks@boardserve.org Founding Director, BoardServe LLC

ANEXO E

PESQUISA DE AVALIAÇÃO DA JUNTA

Por favor classifique cada declaração como (1) concordo fortemente; (2) concordo; (3) discordo; (4) discordo fortemente:

A. Junta e Missão

1. A junta da nossa igreja assegura-se que a missão da nossa igreja local é claramente declarada e compreendida pela nossa junta e congregação.

2. Os membros da junta conhecem, comunicam e tomam decisões à luz da missão, visão e valores da igreja.

3. Os membros da junta frequentemente fazem as "grandes" ou correctas questões quando se trata da estratégia missional, foco fiduciário e eficácia.

B. Relação entre Junta/Pastor

1. Os membros da junta compreendem as responsabilidades duplas de um pastor como "pastor do rebanho" e como o líder/presidente da junta da igreja local.

2. A junta trabalha de perto com o pastor em moldar e avaliar procedimentos de supervisão fiduciária, no desenvolvimento de planos e programas estratégicos, no fornecimento de revisões de procedimentos e programas e na formulação de questões gerais.

3. Há um clima de confiança e apoio mútuos entre a junta e o pastor.

4. A junta defende abertamente a direcção actual para a igreja local e a visão, conforme defendida pelo pastor e confirmada pela junta.

5. O pastor mantém a junta informada sobre os assuntos estratégicos que a igreja local enfrenta.

C. Relações entre Membros

1. Os membros da junta comunicam uns com os outros e abordam situações de conflito como cristãos.

2. Os membros da junta discutem vigorosamente as opções governativas nas reuniões da junta; ainda assim comunicam numa voz unida com a congregação uma vez que uma decisão foi tomada.

3. A discussão entre os membros nas reuniões da junta foca-se em questões missionais, procedimentos e estratégicas, não em diferenças de personalidade ou pessoais.

4. Os membros da junta nutrem relacionamentos pessoais fortes dentro da junta.

5. As discussões confidenciais nas reuniões da junta mantêm-se confidenciais.

D. A Agenda da Junta

1. A agenda da junta reflecte uma compreensão clara do papel, propósito e função da junta.

2. A junta tem uma agenda detalhada estabelecida para cada reunião e a agenda é recebida a tempo.

3. As agendas de reunião focam-se em assuntos políticos e planeamento missional.

4. A agenda da junta inclui toda a informação de apoio necessária.

E. A Organização da Junta

1. A junta é organizada de tal forma que é eficaz, angaria a participação de alto nível e gera confiança dos eleitores.

2. A junta é composta por uma secção transversal suficiente de membros fortes e maduros para permitir que desenvolva significativamente a igreja local.

3. A junta tem aprovado um plano mestre de propriedade e monitoriza, suficientemente, programas de manutenção para se assegurar que não são diferidos em detrimento da igreja local.

4. A junta designa anualmente tempos específicos para oração e jejum.

5. A estrutura de comissão facilita o trabalho da junta eficientemente.

F. O Modo de Funcionar da Junta

1. A junta procura retorno da, e comunica efectivamente com a congregação relativamente a assuntos e acções da junta.

2. A junta toma a responsabilidade de liderança da gestão financeira da igreja local e de angariação de fundos, se necessário, para assegurar que há recursos suficientes disponíveis para cumprir a missão da congregação.

3. A junta avalia periodicamente a sua própria forma de funcionamento e eficácia como junta.

4. A junta mantém e publica actas escritas apropriadas das reuniões e tem um manual da junta para os seus procedimentos.

5. A junta convida membros de fora dela, como apropriado, para assisti-la em áreas onde são necessárias competências adicionais por parte da junta para compreender e abordar assuntos críticos.

G. Detalhes

1. A oração é uma componente importante das reuniões da junta.
2. Os membros da junta são eleitos seguindo as orientações do manual.
3. É providenciada anualmente uma sessão de orientação apropriada para os novos membros?
4. As reuniões da junta são de duração e frequência suficiente para se realizar apropriadamente os negócios da junta.

H. Resumo

Use o espaço adicional para responder a estas questões ou para comentar o inquérito.

1. As maiores forças da nossa junta são: _____
   _____
   _____

2. Três assuntos de DESENVOLVIMENTO da junta em que devemos focar-nos durante os próximos 18 meses são: _____
   _____
   _____
   _____

Preparado por Edward LeBron Fairbanks,
Fundador e director da BoardServe LLC,
www.boardserve.org
lfairbanks@boardserve.org

Contactar o autor do questionário através do *email* acima para informação adicional. Este questionário pode ser reproduzido ou modificado, como necessário, com a permissão escrita da BoardServe.org

ANEXO F

REVISÃO DA EFICÁCIA DO LÍDER

Data:

Equipa de revisão nomeada pela junta: (nomes apagados)

O seguinte processo de revisão foi iniciado numa tentativa de ser mordomo fiel da tarefa de liderança dada ao presidente da universidade na qual junta serve. Fundamental para a natureza deste processo de revisão é o diálogo mútuo entre o presidente e a junta de liderança à qual o presidente relata. Este é um componente crítico do processo de revisão. A junta tem nomeado uma subcomissão para liderar esta revisão, enquanto se prepara para uma votação de renovação do director da universidade para outros quatro anos.

A revisão tem três secções para ser completadas pelo presidente antes do Encontro de Revisão da Junta (ERJ). A secção dois também deve ser completada pela junta - membros da comissão nomeada, e o corpo docente e funcionários da universidade, a tempo inteiro e parcial. A "Tabela de Competência" anexada à secção dois pode ser usada pelo presidente da comissão de revisão para facilitar a discussão da "Análise de lacunas" decorrente desta secção.

A data para a ERJ é as 8 da manhã, de Sábado, _____, 201__. A ERJ irá incluir a Comissão de Revisão da Junta e o presidente da universidade. O presidente da junta irá convocar uma reunião depois da revisão para moldar o relatório de revisão da comissão à junta e uma recomendação relativamente à votação de renovação no encontro anual da junta da universidade.

Reflexões/Projecções (a ser respondidas pelo presidente antes da ERJ).

1. Tem o seu sentido de chamada e de ministério pessoal sido cumprido através dos seus esforços de liderança? Se não, porquê? Se sim, como? Sente-se afirmado como um bem valioso? Se não, porquê? Se sim, como?

2. Como é que a sua tarefa específica como presidente apoia a missão e visão abrangentes da universidade que serve? Dê alguns exemplos.

3. Sente que tem uma descrição adequada da posição aprovada pela junta? Como poderiam as expectativas escritas ser melhoradas e fortalecidas?

4. De que formas tem desenvolvido e melhorado o seu conhecimento e desempenho do seu trabalho? Têm-lhe sido fornecidas oportunidades adequadas tanto para treino como para crescimento pessoal desde a sua última revisão/avaliação? Por favor dê exemplos.

5. Que tarefas específicas ou realizações durante os últimos quatro anos melhor expressam o seu compromisso com a qualidade de serviço e liderança serva para com os múltiplos constituintes da universidade, tais como a decisão administrativa - tomar decisões, relevância do currículo, desenvolvimento de liderança, evangelismo, treino de discipulado, gestão fiscal, construção de equipa e captação da visão? Como é que os seus dons e talentos têm sido mais eficazmente usados?

6. De que formas têm as suas iniciativas contribuído para o crescimento numérico e desenvolvimento espiritual da instituição que serve? Que recursos adicionais podem assisti-lo à medida que luta para fortalecer a universidade?

7. Como é que o clima de colaboração dentro da universidade e com outras instituições (colégios/universidades, denominações, organizações ministeriais, etc.) pode ser melhorado?

8. De que formas pode a junta de liderança apoiá-lo/a a liderar mais eficazmente?

9. Quais são os três desafios principais da universidade para os próximos três anos? Para os próximos quatro anos? Que objectivos de curto e longo prazo tem estabelecido para a sua responsabilidade, à luz desses desafios? Como saberá quando os seus objectivos foram alcançados?

10. Os seus objectivos de curto e longo prazo alinham-se com o plano estratégico da universidade? Por favor dê exemplos.

Avaliação de Colegas sobre o Director e Análise de Lacunas das Respostas

A ser completado pelo director da universidade e anonimamente pelo corpo docente, funcionários da universidade, a tempo inteiro e parcial, e pelos membros da comissão de revisão da junta. A avaliação será distribuída ao corpo docente e aos funcionários com uma nota explicativa. A secção de avaliação será coordenada pelo presidente da junta, que também irá analisar os resultados da avaliação, incluindo as respostas do presidente, em preparação para o Encontro de Revisão da Junta (ERJ).

Instruções: Por favor faça um círculo, para cada declaração, no número que mais caracteriza o presidente: 1 (nunca); 2 (raramente); 3 (ocasionalmente); 4 (frequentemente); 5 (sempre).

1. O director usa palavras que servem para encorajar os outros.

    1   2   3   4   5

2. O director dá graças a Deus e a outras pessoas como um estilo de vida fundamental.

    1   2   3   4   5

3. O povo sente-se compreendido quando comunica com o director.

4. Estender e pedir perdão é um componente essencial da comunicação do director.

    1   2   3   4   5

5. O director incorpora, adapta e articula uma "visão" clara.

    1   2   3   4   5

6. As orações públicas do director reflectem um desejo de mudança pessoal.

    1   2   3   4   5

7. O cuidado pelo crescimento pessoal e profissional dos colegas é importante para o director.

    1   2   3   4   5

8. As palavras que são ditas são culturalmente sensíveis e consistentes com as acções tomadas pelo director.

    1   2   3   4   5

9. A comparação feita pelo director relativamente a outros (regiões, distritos, finanças, talentos, etc.) é mínima.

    1   2   3   4   5

10. As diferenças honestas e intensas com os outros são aceites pelo director.
    1   2   3   4   5

11. O director não nutre ressentimento e amargura para com outros.
    1   2   3   4   5

12. A oração por colegas, equipa e ministério é frequente e evidente.
    1   2   3   4   5

13. A responsabilidade pela tomada de decisão decisiva, como necessária e a supervisão administrativa, não paralisam o director.
    1   2   3   4   5

14. O foco primário do director está nos planos e programas que unem, não nos que dividem.
    1   2   3   4   5

15. Os colegas sentem-se abençoados e afirmados em conversas e reuniões com o director.
    1   2   3   4   5

16. O director traz o "melhor" dos outros ao de cima.
    1   2   3   4   5

17. As pessoas sentem-se valorizadas quando discutem assuntos com o director.
    1   2   3   4   5

18. Estender o perdão é convencional para o director.
    1   2   3   4   5

19. O director lidera decisivamente e com aptidão administrativa no meio de situações complexas e difíceis.
    1   2   3   4   5

20. O director valoriza as pessoas, não o poder ou a posição.
    1   2   3   4   5

21. O director lidera com convicção que alguns assuntos só são resolvidos através da oração e da total dependência em Deus.
    1   2   3   4   5

Ao olhar para o futuro, por favor classifique por ordem de prioridade (1 = menos importante; 7 = mais importante) as capacidades de liderança que devem ser nutridas durante os próximos quatro anos. A classificação não é uma avaliação do desempenho passado. Em vez disso, é uma projecção para os próximos quatro anos.

- ☐ Capacidades de afirmação e de encorajamento
- ☐ Capacidades de questionar e escutar
- ☐ Capacidades conceptuais e analíticas
- ☐ Gestão financeira, de orçamento e de desenvolvimento de fundo capital
- ☐ Capacidades de discernimento de "forças" e de delegação
- ☐ Capacidades de rede e comunicação
- ☐ Capacidades de temporização e tomada de decisão

Resumo (a ser feito por escrito pelo director antes da ERJ). _____
_____
_____

Faça um resumo das suas forças de liderança e como elas são mais efectivamente utilizadas na sua responsabilidade ministerial como líder da escola._____
_____
_____

Faça um resumo das suas limitações de liderança e como planeia abordá-las durante os próximos quatro anos. _____
_____
_____

Faça um resumo do seu Plano de Acção do Colégio (PAC) para os próximos quatro anos._____
_____
_____

Recomendação:
A Equipa de Revisão da Junta irá reunir-se duas semanas depois da revisão para fazer um relatório e recomendação para toda a junta.
Desenvolvido por Edward LeBron Fairbanks
Usado com a permissão de BoardServe.org

ANEXO G

MODELO PARA UM MANUAL DO GOVERNO DA JUNTA OU MANUAL ORGANIZACIONAL

O manual do governo da junta contém todos os padrões ou procedimentos contínuos adoptados pela junta de governo para a organização, congregação ou instituição.

Razões para Adopção:

1. Eficiência de ter TODAS os procedimentos actuais da junta num só lugar;
2. Capacidade de orientar rapidamente os novos membros da junta para os procedimentos actuais;
3. Eliminação de procedimentos redundantes ou conflituantes ao longo do tempo;
4. Facilidade em rever o governo actual ao considerar novos problemas;
5. Oferece uma abordagem à administração que organizações, instituições ou congregações irmãs podem usar.

O manual de governo da junta ou manual organizacional normalmente contém pelo menos quatro breves secções em adição à Introdução:

I. Introdução. Esta secção do manual inclui os estatutos e Artigos de Incorporação e outros documentos legais ou governamentais da organização que necessitam de estar actualizados.

II. Fins organizacionais para os quais trabalhamos - missão, visão e valores. Esta secção define porque existimos, o que pretendemos contribuir para aqueles para os quais existimos e as prioridades que atribuímos aos benefícios que lhes providenciamos.

III. Processo de governo da junta. Esta secção define como a junta fará o seu trabalho de governar a organização.

IV. Relacionamento entre Junta/Pastor, Director Executivo ou Presidente. Esta secção define como a junta irá delegar autoridade e responsabilidade ao presidente.

V. Parâmetros Executivos. Esta secção define os parâmetros/limitações dentro dos quais o director executivo, pastor ou presidente irá trabalhar para alcançar as suas tarefas designadas.

*Adoptado dos escritos de John Carver sobre o governo da junta. Ver Carver, John. *Boards That Make A Difference*. Second Edition. (San Francisco: Jossey-Bass, 1997. Ver também Chait, Richard P. Govern. *Governance as Leadership*. Hoboken: Boardsource, Inc.

O AUTOR

Edward LeBron Fairbanks fundou e tem servido como director do BoardServe LLC desde 2011. O serviço de consultoria nutre juntas governativas "transformadas e transformadoras" de organizações cristãs, incluindo universidades e seminários, organizações sem fins lucrativos e igrejas locais.

Ele reformou-se em Outubro de 2011 como comissário de educação da Igreja do Nazareno. Nesta responsabilidade, serviu como administrador da International Board of Education (IBOE), um consórcio de 52 universidades denominacionais, universidades e seminários em campus e centros de estudos em 120 nações. Trabalhou de perto com os 13 membros da IBOE ao fortalecer as instituições de educação superior nazarena à volta do mundo.

O Dr. Fairbanks foi co-autor do livro de liderança *Learning to be Last: Leadership for Congregational Transformation* em 2008 e do *Best Practices for Effective Boards* em 2012. Ele criou o vídeo de ensino *Building Better Boards: A Conversation*, produzido em 2012 que está disponível em inglês e em espanhol. Além disso, tem escrito vários livros e artigos, incluindo o curso ministerial, *Leading the People of God: Servant Leadership for a Servant Community*.

Dr. Fairbanks recebeu o seu grau de bacharelato na Trevecca Nazarene University. Recebeu também três graus de mestrado - Mestrado da Scarritt College, o M.Div. da Nazarene Theological Seminary, e o M.Th. da Princeton Theological Seminary.

Foi designado "Fellow [Companheiro]" na Educação de Liderança Pastoral pela Princeton Theological Seminary e recebeu o grau de doutor em Ministério do Nazarene Theological Seminary. O Dr. Fairbanks completou o programa de verão do Harvard University Institute of Educational Management e foi investigador na Yale University Divinity School.

Em 1978, tornou-se deão académico no European Nazarene College perto de Schaffhausen, Suíça. Em 1984, foi eleito presidente do Asia-Pacific Nazarene Theological Seminary em Manila, Filipinas, onde serviu até aceitar a presidência da Mount Vernon Nazarene University em Mount Vernon, Ohio, em Julho de 1989. Ele serviu a MVNU como presidente universitário durante 18 anos, reformando-se em 2007.

Além do seu serviço de consultoria no BoardServe, o Dr. Fairbanks serviu em funções de liderança interina em Brisbane, Austrália e Tampa, Florida. Nos últimos três anos, deu aulas de liderança em Manila, Filipinas; Gelnhausen, Alemanha; Lisboa, Portugal; e Yangon, Myanmar (Birmânia).

Ele e a sua esposa, Anne, casaram-se há mais de 50 anos e têm um filho, Stephen. O Dr. Fairbanks pode ser contactado através do email lfairbanks@boardserve.org. O seu blog/website é: *www.boardserve.org*.